文物保护修复档案

潘坤容 编著

上海人民美術出版社

编委会

总主编

季崇建　上海视觉艺术学院文物保护与修复学院文化遗产研究院院长

编　　委

陈　杰　上海博物馆副馆长

李仲谋　上海交通大学博物馆执行馆长

陈　刚　复旦大学文物与博物馆学系教授、
　　　　复旦大学文化遗产保护研究中心主任

张　晶　华东师范大学美术学院教授

熊缨菲　上海博物馆文物保护科技中心研究馆员

丁忠明　上海博物馆文物保护科技中心副主任、
　　　　上海视觉艺术学院文物保护与修复学院副院长

汪苡恝　上海视觉艺术学院文物保护与修复学院副院长

司徒勇　上海视觉艺术学院文物保护与修复学院油画修复方向专业主任

总　序

　　文物是历史的见证，保护文物就是保护历史；文物是文化的载体，保护文物就是传承中华文明。党的十八大以来，习近平总书记站在中华民族永续发展和中华文明永续传承的战略高度，就文物工作发表了一系列重要讲话，作出了一系列重要指示，精辟阐述了文物工作的发展方向，为新时代文物工作指明了前进方向，提供了根本遵循。

　　文物是不可再生的资源，保护与修复文物就是保护和恢复中华文明资源的完整性。上海视觉艺术学院充分认识到保护与修复文物的历史意义和现实意义的重要性，在老校长龚学平同志悉心关切和指导下，2008年创设了文物保护与修复专业方向，2016年9月申请目录外试点专业，并获得教育部审核批准，成为国内首创的本科新兴学科。2017年3月在国家文物局和上海市文物局的关心指导下，上海视觉艺术学院正式成立我国第一家文物保护与修复学院。2017年4月，上海市教委批准文物保护与修复专业为中本贯通试点专业。2017年9月，上海市教委批准该专业为应用型本科试点建设专业，并作为重点建设学科。2019年年底，该专业又被上海市教委遴选为市级一流本科重点建设专业，同年上海视觉艺术学院与北京大学、复旦大学、敦煌研究院等八家单位一起被国家文物局列入第二批文博人才培训基地。

　　学院以传统修复技艺和当代科学技术相结合的学科教学和研究为基础，既注重基础理论学习，又注重传统技艺的传承，以具有全面的学科知识结构，了解文物修复的全貌，掌握一项或多项修复技能专长为培养目标，使每位求学者成为具有文物保护使命感以及扎实专业知识和技能的新时代文物修复工作者。

　　学院目前下设陶瓷和青铜器保护与修复、古书画和古籍保护与修复、油画和木器保护与修复等三个主要专业方向，并通过与国内外文物保护与修复机构的交流与合作，引入了本专业所需的自然与社会学科的相关资源，建立包含修复理论基础、修复材料科学和修复工艺等三大模块的教学内容和基本框架。这在国内文物保护与修复专业的教学领域具有开创意义，同时又将历史、艺术、考古、科技等方面课程安排其中，从而建立起一个多学科结合的新型文物保护与修复教学计划和课程体系。

　　有鉴于此，编写一套"文物保护与修复专业系列教材"是学院近些年主抓的重点工作。经过三年的筹备和努力，在上海博物馆的鼎力支持下，《古陶瓷保护与修复基础》《古书画保护与修复基础》《青铜器修复与复制基础》以及《文物保护修复档案》付梓在即。这是由上海博物馆专家领衔，学院青年教师参与合作的成果，难能可贵也。今年乃至此后数年，我们还将继续努力完成其他教学内容的教材编写工作，使之成为一套相对完整、具有权威性的文物保护与修复系列教材。

　　文物保护与修复教学事业任重道远，我们当倍加努力。

"文物保护与修复专业系列教材"总主编

李崇建

2024年3月

编写说明

在文物保护修复行业中，档案记录是实际工作的需要，同时也是文物保护修复工作质量的体现。承担国家文物局职业培训的中国文化遗产研究院，在教育计划中明确提到了档案记录课程，其中包含工具测量、摄影测绘、文物修复档案建立和信息技术在文物修复档案建立中的应用。可见档案记录的理论知识和技能是文物修复人员必须掌握的。

随着文物与博物馆（以下简称"文博"）行业的蓬勃发展，文物修复师的需求越来越大。近年来，我国开设文物保护与修复专业的本科院校逐渐增多，如何让学生快速、专业地掌握文物保护修复档案记录的基本技能是一个重要问题。尽管行业出台了关于保护修复信息记录的相关国家行业标准，但没有系统的教材让学生了解档案记录的知识，掌握相关技能。本教材的意义，就在于此。

本书共五章。其中第一、二章主要讲述文物保护修复档案的相关理论。第三到五章则主要讲述文物保护修复档案资料的记录技术与实践。其中，第三章主要结合示例论述各种工作文本要记录的内容及要求等。第四章主要结合论述获取照片档案资料需要具备的基础知识、拍摄时的技术要求。第五章主要讲解具体绘图软件的使用、绘制病害图的要求和步骤。

希望本书的出版能为有志于从事文物保护修复档案工作的从业人士和高校文物保护与修复专业的学生带来帮助，让他们快速地适应我国文物保护修复工作现代化、科学化发展的需求，进而推动我国文物保护修复档案高质量建设。

目录

1 第一章 文物保护修复档案概述
2   第一节 定义、价值与作用
2   一、定义
2   二、价值
3   三、作用
4   第二节 历史
5   一、准备期：20 世纪 50 年代之前
6   二、萌芽期：20 世纪 50 年代至 80 年代
6   三、发展期：20 世纪 80 年代至 21 世纪
7   四、规范期：21 世纪至今

9 第二章 文物保护修复档案的工作理论
10   第一节 伦理道德
10   一、道德规范
12   二、基本理念
12   第二节 方法论
12   一、工作环节
15   二、记录方法与形式
16   三、可以使用的资源
16   四、正确的建档方法
17   五、保证档案质量
18   第三节 工作标准与标准化

20 第三章 文本记录
22   第一节 文物调查报告

22		一、文物基本信息
33		二、文物保存状态信息
34	第二节	检查报告
34		一、文物特征与工艺
38		二、文物病害状况
39	第三节	测试分析报告
41		一、检测报告
44		二、实验报告
46	第四节	修复方案
48	第五节	修复日志
52	第六节	修复报告
54	第七节	其他文本资料
54		一、验收表
55		二、修复标签
55		三、修复记录卡
57		四、修复介绍
57		五、工作日志
59	第八节	文本资料的收集与整理
59		一、收集范围
60		二、纸质文本资料的整理
61		三、电子文本资料的整理
61	第九节	文物保护修复档案管理系统
65	**第四章**	**摄影**
66	第一节	拍摄准备
66		一、色卡的选择与制作
71		二、照片的认识
73	第二节	摄影注意事项
73		一、色卡与文物的组合关系
74		二、文物、光源、照相机三者的位置
76		三、光源类型
76		四、安全措施
77	第三节	拍摄
78		一、可见光摄影

83		二、红外摄影
86		三、紫外摄影
90		四、保护修复过程照片的拍摄
91	第四节	照片资料的收集与整理
91		一、照片资料的收集范围
91		二、数码照片资料的整理
93		三、常规照片资料的整理
94	第五节	其他影像技术
94		一、光谱成像技术
95		二、三维扫描技术
95		三、X射线照相技术

97	**第五章**	**绘图**
98	第一节	绘图方法
98		一、绘图软件
99		二、AI 的使用
102	第二节	病害图纸的绘制
102		一、病害图纸的意义与应用
103		二、病害图纸的认识与绘制要求
107		三、使用 AI 绘制病害图纸的步骤
121	第三节	图纸资料的收集与整理
121		一、电子图纸资料的整理
122		二、纸质图纸资料的整理
122	第四节	照片的后期处理和病害标记技术

125	**参考文献**
127	**后记**

第一章
文物保护修复档案概述

了解文物保护修复档案的定义，明白其属性，明晰其历史演进，是界定工作所讨论的对象的前提。唯有认识到档案的价值与作用，人们才能重视，从而做好档案工作。

第一节　定义、价值与作用

本节重点阐述了文物保护修复档案的定义和内涵，明确了档案记录的价值和作用。构建科学规范的档案不仅是专业发展的需要，还是承担起行业责任的体现。

一、定义

文物保护修复档案是修复单位、部门和个人在文物保护修复活动中直接形成的，保存备查的文字、图表、音像及其他各种方式和载体的历史记录。

在文物保护修复活动中直接形成的记录材料需经过审查挑选，然后进行集中保存。档案是历史记载、知识积累、以备将来核查的资料。其本质属性是原始记录性，即资料或文件需要满足真实记载客观事实的要求，能做到以备查考，经过归档程序就可以转化为档案。档案只有科学、完善、真实、详细、规范、全面，才能为以后的科学研究提供具体、可靠、有效的信息。

文物保护修复档案的内涵需要关注以下几点。

第一，文物保护修复档案是在保护修复活动过程中产生，描述文物原状与记录修复过程，按一定逻辑整理归纳并集中保管的真实历史记录。

第二，文物保护修复档案具有多种表现形式，如文字、图表、声像（照片、视频等）。

第三，文物保护修复档案包含的信息类型多样丰富。它既包括保护修复对象的状况及变化、对对象所做的所有处理、保存人的所有观察或结论，以及所做的所有分析工作，也包括文物在不同时间和空间与外部环境之间的联系特征。

第四，文物保护修复档案具有多重分类属性。从工作性质来划分，文物修复档案属于科技档案的范畴；从归属性质来看，属于文物档案的范围，与文物考古发掘档案、文物陈列展览档案、文物库房管理档案等并列存在。

二、价值

价值是事物的有用性，是事物本身所固有的意义，是作用的根源，是高度抽象化的概念。文物保护修复档案的价值是一种书面的具有原始记录属性的经验价值。同时，档案的价值也是一种关系体现，显示出客体和主体的紧密相关，即以社会实践活动为中介的档案客体对人类的意义。唯有在社会实践活动中，才能体现档案对人类的参考意义，也只有在社会实践活动中才能促成档案价值的实现。

讨论价值的目的是让从业人员在工作中不仅要关注记录本身，而且要关注档案资料的后续使用问题，而后续使用问题是目前文物保护修复档案面临的极大挑战，需要攻克的难题很多。

常见的文物保护修复档案价值的具体表现为记忆价值、信息价值、文化价值。

三、作用

作用是对人或事物产生的影响或其功能、效果。档案的作用是价值实现的可预期的结果。文物保护修复档案的基本作用为凭证和参考作用。[1]

文物保护修复档案记录了该阶段此件文物的诸多信息，包括对文物本身的干预工作细节，工作过程中新发现的文物材料、技术、文化信息，因物质本身的变化而产生的价值变化等信息。档案资料是文物本身信息和修复工作信息的结合体，是重要的文献资料，可为后来研究者就不同的研究目的提供大量的完善的真实的信息依据，是极其宝贵的一手资料。正因为档案是信息集合体，能提供信息依据，凭证与参考作用才能达到预期。

对从事文物相关社会实践活动的人来说，文物的保护修复档案有较明确的用途，一个用途是用来做科学研究，另一个用途是方便管理。其中，凭证与参考作用主要针对文物科学研究的五个方面。

第一，文物保护修复档案为该件文物的再修复工作提供借鉴与参考。如果对同一件文物进行再次修复，已有的档案资料可以帮助修复人员节省研究过往所用材料和技术的精力，也不用对文物进行过多的实体调查研究。只需利用已有档案资料，修复人员就能决定材料的保留或更换，并计划使用何种材料和技术。

第二，文物保护修复档案有助于修复技术的继承与发展。文物保护修复档案资料是过往各阶段修复技术的见证者，是非物质文化遗产的信息承载者，正是这些档案资料的存在帮助从业人员专业知识的累积，让保护修复技术得以传承，并能在传承中发现规律，适时创新。温故知新，以史明鉴，依赖这些档案资料可以让从业人员提高修复水平，从而推动整个保护修复行业未来的技术发展。

第三，文物保护修复档案有助于文物研究的创新和发展。研究者通过档案的记录、整理和研究，揭示了文物各方面的信息，对文物有了深度认识，从而发现研究

---

[1] 凭证作用：客观地记录了以往的历史情况并保留了真切的历史标记。参考作用：也叫情报价值，它记录了人们在各种活动中的思想发展。

的新视角。

第四，文物保护修复档案有助于增强社会大众对文物的关注和认知。文物保护修复档案资料提供了技术分析的记录和分析结果的解读，这些解读增加了对作品的审美和物质特征的理解，丰富了文物蕴含的信息，从而帮助社会大众欣赏和利用文物。由于档案资料的存在，研究者可直接利用档案资料进行科学研究，不必直接研究文物实体，避免了对文物的潜在损害，而且提高了信息的利用效率，有利于公众共享文物信息。档案资料为社会和学校提供了翔实、丰富的文物教育资料，公众可以从多个维度获得教育资源，并能从中感知专业人员为文物付出的努力，激发公众珍惜文物的情感。

第五，文物保护修复档案有助于优化文物的后续保存。如果文物保管部门或展览部门要评估当前文物的保存环境是否合适，他们可以监测被修复过的文物材料是否发生退化，文物的外观状况是否改变。文物修复后的状况记录，可作为修复前后对比的参照。

文物保护修复档案的管理用途主要出现的场景有以下几点。第一，行业或单位用来检验、评价修复人员的工作，如果文物出现意外，档案可以作为依据使裁决变得客观。第二，档案资料同时也是评价修复人员是否遵守法规、是否具备较高职业道德修养的见证。尤其是自文物修复师国家职业技能标准颁布以来，从业人员要获得职业认可，就必须重视档案资料的建立，因为这是职业标准中明确的要求。第三，档案资料还可以避免一些客户因为不熟悉修复工作、不了解专业属性而产生误解。比如，客户不认可修复结果，或者认为修复师破坏了文物导致价值受损，修复人员可以用档案资料提供依据，化解误解，保护自己的权益并避免纠纷。第四，如果每件被修复过的文物都有完善科学的文物保护修复档案，那么针对该件文物的借出、展览、利用等活动，就可以查询相关资料，以便做出科学合理的规划。

思考题

1. 你如何看待文物保护修复档案和记录资料之间的关系？
2. 你能详细解释一下文物保护修复档案的价值、意义、作用吗？

第二节　历史

各国文物保护修复档案的发展历程各有不同，以下主要以我国为例进行阐述，同时也举几个有代表性的国际案例作参考。总的来说，我国文物保护修复档案的起步较晚，目前正处于不断完善、规范的阶段。

一、准备期：20 世纪 50 年代之前

从文物保护的广义内涵来看，我国第一个文物保护官方机构是中央古物保管委员会，该机构在 20 世纪 30 年代普查和登记百余处文物，并发表学术论文。营造学社于 1932—1937 年共调研了 15 个省的 200 多个县中的 2000 余处古迹，发表大量测绘图纸、调查报告和照片，并在《中国营造学社汇刊》上刊载其主要研究成果。以上这些资料可视为文物保护原始档案。但从文物保护修复的狭义内涵来说，这些机构都未涉及文物保护修复的具体工作。

中国文化遗产研究院是这一时期重要的文物保护单位，其保存的资料包括工程档案、历史照片和金石拓片。

工程档案包括从 20 世纪 30 年代至今的各类古建修缮、测量的图纸和建筑彩画约 17,000 张，其中 1941—1944 年所绘北京中轴线重要建筑实测图、明清古代建筑彩画尤为宝贵。这些工程档案资料不少是营造学社、北平文物整理委员会、北京文物整理委员会等历史时期的珍贵资料。

历史照片（含底片）共计 10.6 万张，以 20 世纪以来全国各地的古代建筑及工程照片为主。

金石拓片共有 3.6 万张（册），近 2 万种，内容含碑碣、石刻、石刻造像、画像砖、法帖、文物（含青铜器、玉器、封泥、兵器、钱币）等。其中 1929—1931 年打拓的北京寺庙碑碣拓片，研究价值很高。

在 20 世纪上半叶的 50 年时间里，有些调查研究产生了相对系统的档案资料。这些留存至今、可溯源的资料，主要记录了大型、不可移动文物的情况，如石窟寺、古建筑群等。以石窟寺为例，伴随着 20 世纪前 30 年的各国探险家、学者的活动，与其相关的摄影和记录资料产生了。1908 年，法国伯希和（Paul Pelliot）抄写记录了当时敦煌 500 多个洞窟的题识与题记，描绘洞窟平面，记录洞内壁画的内容与建筑风格，并拍摄照片，后于 1920—1926 年出版 6 卷《敦煌图录》。20 世纪 40 年代，敦煌研究所使用了传统的清沙技术，用含碱量很高的千佛洞水和沙子夯实做墙。这种防护工作的技术在相关资料中被提及，但这样的技术记录只是技术的一种记述，可能由观察者而不是修复者自己写的，它不属于某件文物的保护修复工作档案资料。

一些博物馆出版的书籍和期刊没有文物保护资料的概念，如 *Plenderleith's book*（1934）。但这些书中记录的一些文物处理示例可视为较早的文物保护修复档案文本，如期刊 *Technical Studies* 有一篇文章 "A Museum Record of the Condition of Paintings"（1935）。作者表示，尽管有个别文章的研究者提出了"如何报道绘画保护"的想法，但没有发现任何的有关文物保护修复记录的文献，同时

作者也表示会组织委员会研究如何报告文物保护工作。从这些资料中可看出，在国外的博物馆事业中，文物保护工作的报道和相关保护修复档案资料的建立也是空白的，仅有个别研究者觉得需要做好档案记录工作。

研究者从可查阅到的历史资料和文献中发现，20 世纪 50 年代之前，出现了零星的文物修复示例描述资料，也有主要记载文物基本信息和现状样貌的非文物修复活动的有关资料。由于这些资料的出现，这个时间段可被认为是文物保护修复档案发展史中的准备期。

二、萌芽期：20 世纪 50 年代至 80 年代

直至 20 世纪 70 年代，一件物品的保护修复记录通常仅出现在博物馆出版相关作品中。这种记录主要是为了服务博物馆的展示和出版需求。在此阶段，大多数博物馆保护部门没有档案记录的标准程序，也没有固定的记录要求，档案资料比较零散，记录的数据和内容也很少。

对我国不可移动文物保护领域而言，20 世纪 50 年代至 80 年代的保护工作虽然不少，但是延续了准备期的特点，更多的是测绘、调查报告和照片。如 1956—1959 年第一次全国文物普查以抢救性目的开展的保护工作在四大石窟展开，修缮工程的记录也仅作为相关说明在某些著作、刊物上发表。通过查阅当年资料，我们可以发现云冈石窟为期三年（1974—1976 年）的大规模维修工程中使用了环氧树脂加固材料。

随着大型工程的保护修复工作增多，相关单位留存了大量的记录资料，这促使了从业人员更加重视文物保护的记录资料。

在这个阶段，文物保护行业还呈现出一些发展特点。过去，各类文物通常由艺术家和掌握相关技术的熟练工匠负责修复。随着应用文物保护科学的发展，文物保护逐渐演变成一个研究领域和专业职业。这促使现代文物保护从业人员必须遵守职业道德准则和实践指南。

同时，国际文物修复学会（International Institute for Conservation of Historic and Artistic Works，简称 IIC）在 1950 年成立，并创办了《文物保护研究》等杂志，此后的二三十年有更多国家、地区建立自己的文物保护组织，使得文物保护从业人员有了专业的交流平台。这为文物保护记录工作的标准化诞生打下了基础。

三、发展期：20 世纪 80 年代至 21 世纪

这个阶段的发展特点是，我国各种文物保护修复标准、法律法规陆续出台，这些文件提高了文博从业人员的档案意识，并且规定了藏品档案应包含文物保护修复记录资料。如，美国文物保护协会（American Institute for Conservation，简称

AIC）于 1994 年修订了 Code of Ethics and Guidelines for Practice，其中对如何记录、记录什么等工作要求做了详细说明。1982 年，我国颁布了《中华人民共和国文物保护法》，从法律层面上确定了建立文物档案的必要性和重要性。1991 年颁布的《全国重点文物保护单位保护范围、标志说明、记录档案和保管机构工作规范（试行）》和 2000 年颁布的《中国文物古迹保护准则》指出了档案记录的重要性。这些法律法规让文物保护从业人员提高了记录自觉性和专业性，因此文物保护修复纸质文本记录资料越来越多，大量的资料为管理工作带来了挑战。

为提高资料管理效率，文博行业开始关注计算机领域。博物馆收藏管理系统在 20 世纪 90 年代已陆续被各大博物馆接受，大型博物馆致力于开发信息管理系统，如大都会艺术博物馆设计了 The Museum System（TMS）系统。后全世界有超过八百多家博物馆都在使用这个系统，但该系统只有几个数据区域用于文保信息。上海博物馆于 1984 年在全国博物馆界中首次成立信息中心，构建了庞大的文物藏品数据库管理系统。但这个系统的逻辑是围绕文物编目展开的，尽管包含了一些文物修复信息，但这些信息相对比较简单。

四、规范期：21 世纪至今

（一）文物保护修复档案资料研究成果增多

随着相关从业人员越来越重视文物保护修复档案的科学构建，各种研究成果越来越多。如宋纪蓉等发表的《浅论文物保护修复档案的科学构建》阐述了档案的重要性、记录方法、记录内容；全艳锋的《试论健全文物修复档案的措施》介绍了档案的含义、价值、记录内容、记录形式、存在问题和措施；李际宁在《关于建立古籍修复档案的几点想法》中阐述行业遇到的挑战，呼吁建档；孙红燕在《Adobe Illustrator 软件在油画病害图绘制中的应用》中详细讲述怎么使用软件绘制油画病害图。除此之外，还有许多关注档案资料的信息化管理系统的研究者发表文章，阐述所在单位的系统构建情况，提出对数字化系统的期盼，如王际发表了《文物保护修复档案管理系统设计与应用》一文。

以上这些研究成果都显示了文物保护修复档案进入高速发展阶段。有关记录工作的必要性、内容的设置、技术的完善、制度的建立、加强资料管理等方面，业界都展开了激烈的讨论，为实践提供了理论和方法上的双重保障。

（二）文物保护修复档案资料工作标准的颁布

2008 年国家发布了《古籍修复技术规范与质量要求》，次年国家标准将修复档案单列为一个部分，并对其进行了简单的论述。2008 年至今，国家文物局出台了一系列有助于文物保护修复档案记录工作的行业标准，包括"病害（分类）与图示""病害评估技术规程""保护修复方案编写规范""保护修复（档案）记录规范"。这些内容为构建文物保护修复档案资料的配套标准，为整个文物保护修复档案事业的发展奠定了基础。

（三）文物保护修复档案资料的管理逐渐成熟

张志清在《浅谈古籍修复的科学化管理》一文中提到，人们在修复中仍然没有意识到建立修复档案的重要性，对南北朝以来的古纸也没有及时利用修复时散落的纸屑进行纤维分析，以致敦煌遗书虽然修复了几千米，可是对修复经验的总结、对修复对象的分析和采用的对策还基本停留在20世纪90年代初的修复水平。同时，他还介绍了国家博物馆在2004年左右尝试建立古籍修复管理系统。乔佳在《城市发展中的古建筑保护与档案工作》一文中提到故宫博物院有专门的机构对故宫范围内的古建筑档案进行收集、整理、保管。

可以看到，拥有不可移动文物、拥有著名世界文化遗产的大型文博单位都会有专门的部门或人员管理文化遗产的维护、保护、修复的资料。对可移动文物而言，很多博物馆都在尝试开发信息管理系统，如山西博物馆与企业合作，为馆藏文物的修复建立网页档案管理系统。

越来越多软件公司意识到为博物馆等文物保护修复机构开发专门的文物保护信息记录系统是既有社会意义又有经济利益的。于是CDS文档（CDS-Documentation）、文物保护跟踪（Conservation Tracker）、文物保护工作室（Conservation Studio）、文物保护空间（Conservation Space）等计算机程序被陆续开发并推广。

思考题

1.21世纪的文物保护修复档案工作有哪些特点？

拓展阅读

[1]《档案学概论》，冯惠玲、张辑哲，中国人民大学出版社，2006

[2]《论档案的价值与基本作用》，丁海斌，《档案》，2012

[3] *Code of Ethics and Guidelines for Practice*，AIC，1994

[4]《论文物档案系统化建设》，司海杰，《档案与建设》，2013

[5]《文物保护空间：文物保护从业人员的文档管理》，司徒勇、王晨译，《美术馆》，2017

第二章
文物保护修复档案的工作理论

只有秉持职业操守，讲究方式方法，在规范化标准化下作业，才能做好资料的原始记录。这种工作态度是文物保护修复档案能够形成和发挥作用的基础。

本章强调了从业者在保护修复工作中必须具备的道德素养，介绍了实施记录工作的基本方法和工作标准，为实际工作指引方向。

第一节　伦理道德

相关法律法规、规章制度、职业技能标准等文件，明确了文物保护修复从业人员记录保护修复工作是一项需要履行切实责任和遵守道德规范的活动。从业人员不仅要遵守这些道德规范，还需了解档案记录的基本理念，以便产生内在驱动力，自觉按照道德规范完成记录工作。

一、道德规范

（一）国际公约

国际博物馆协会（International Council of Museums，简称ICOM）于1986年通过了《国际博物馆协会博物馆职业道德准则》，其中规定了博物馆从业人员所应遵循的职业道德。

1964年，第二届历史古迹建筑师及技师国际会议通过了《国际古迹保护与修复宪章》，其中第十六条提到了一切保护、修复或发掘工作都应有准确的记录，记录形式包括插图、照片的分析及评论报告，内容包括清理、加固、重新整理与组合的每一阶段，以及工作过程中所确认的技术及形态特征。

（二）中国相关法律法规

国内涉及文物保护修复档案的法律法规主要有以下五大类。

1.法律：全国人民代表大会常务委员会公布的《中华人民共和国文物保护法》，其中提到文物保护单位要有"记录档案"，收藏单位要有文物的"藏品档案"，即"文物档案"。[1]

2.行政法规：中华人民共和国国务院（以下简称"国务院"）发布的《中华人

1　《中华人民共和国文物保护法》于1982年11月颁布，自1991年起，历经5次修正和1次修订。2021年2月，中华人民共和国文化和旅游部（以下简称"文化和旅游部"）、国家文物局向国务院报送文物保护法修订草案送审稿。《中华人民共和国文物保护法》修订列入2022年度全国人大常委会立法计划。

民共和国文物保护法实施条例》，其中第四章第二十八条对馆藏文物的接收、鉴定、登记、编目和档案制度，库房管理制度，出入库、注销和统计制度，保养、修复和复制等方面做了相关规定。[2]

3. 部门规章：中华人民共和国文化部[3]（以下简称"文化部"）2003年发布《文物保护工程管理办法》，其中第三章第二十五条对文物保护工程的业主单位、勘察设计单位、施工单位、申报机关和审批机关建立相关档案做了规定。另外，文化部早在1986年发布的《博物馆藏品管理办法》和2006年发布的《世界文化遗产保护管理办法》也都对此做了相应的规定。

4. 规范性文件：2020年，国家文物局发布的《可移动文物修复管理办法》，其中第一章第四条明确可移动文物修复包括方案编制和档案建立等活动，第三章第二十、二十一条对文物收藏单位在文物保护修复过程中应做记录和整理资料做了相应规定。

5. 准则：由中国古迹遗址保护协会制定通过，中国国家文物局批准向社会公布的《中国文物估计保护准则》（2015年修订版），其中第二章第十、十四条，第三章第二十三、二十四、二十七、三十一条均有关于档案记录的相关规定。

6. 职业技能标准：2021年中华人民共和国人力资源和社会保障部、国家文物局制定的《文物修复师国家职业技能标准（2021年版）》，规定了文物修复师的主要工作任务有留存照片、绘图、文档等修复信息，编写修复档案等。

（三）其他国家相关法律法规及道德准则

意大利共和国众议院和参议院的《意大利关于保护艺术品和历史文化财产的法律》（1939）、意大利共和国众议院和参议院的《意大利：关于保护艺术品和历史文化财产的法律》（1939年）、美国文物保护协会的 The Report of the Murray Pease Committee（1963年）和 Code of Ethics and Guidelines for Practice（1994年）、加拿大文化财产保护协会（Canadian Association for Conservation of Cultural Property，简称CAC）的 Code of Ethics and Guidance for Practice of the Canadian Association for Conservation of Cultural Property and of the Canadian Association of Professional Conservators（2000年）、英国文物保护研究所（The Institute of Conservation，简称ICON）的 Icon Professional Standards and Judgement & Ethics（2020年）和 Ethical Guidance（2020年）、澳大利亚文物保护研究所（Australian Institute for Conservation of Cultural

---

[2] 《中华人民共和国文物保护法实施条例》于2003年5月颁布，自2013年起，历经4次修订。法律和法规虽没有直接提到要留存文物保护修复档案，但藏品档案包含了文物保护修复信息，说明了记录保护修复活动是档案制度的重要组成部分。

[3] 2018年3月，根据第十三届全国人民代表大会第一次会议审议通过的《国务院机构改革方案》，组建文化和旅游部，不再保留文化部。

Material，简称 AICCM）的 *Code of Ethics and Code of Practice*（2023 年）等。

二、基本理念

文物包含着人类过去活动的信息，文物保护修复从业人员对文物做的任何工作都可以改变信息，即可能会改变信息的呈现方式。信息可能会因文物的变化而消失或隐藏，而文物保护修复从业人员正试图通过记录保护活动来保护文物的完整性。这正是践行修复原则——"真实性原则"的体现。

文物一旦经过保护处理，就不再呈现出未保护处理前的样子。处理前的状态，尽管外形可能残缺不全，但某种程度上也传达了它受损的信息。因此，在保护过程中，文物所传递的信息不可避免地会有所损耗。如果从业人员要最大程度上保护文物的完整性，就必须记录修复过程，建立相应的档案，记录的资料应与文物一起保存，这样就可以维护文物的完整性。只要文物实体、档案还存在着，它们蕴含的信息就能持续为人类服务，其魅力也将长久地影响着人类。同时，这也要求从业人员在记录信息时，选择稳定的记录形式和载体，载体若消失，信息数据则荡然无存。

思考题

1.《文物修复师国家职业技能标准（2021 年版）》中关于档案记录的要求是怎样的？

2. 请你简要概述从事文物保护修复记录工作的基本理念。

第二节 方法论

文物保护修复从业人员需要明确了解保护修复活动的各个工作环节，并熟练运用各种记录手段，有效调动资源，采用合适的建档方法，以确保在每个环节中都能准确、完整地记录档案资料。

一、工作环节

从档案的定义中可以看出，文物保护修复档案是在保护修复活动过程中直接形成的，它记录了相关工作的具体情况和过程。

文物保护修复工作通常包括接收文物、检查与研究、制定修复方案、实施修复、修复总结、验收入库等环节。在每个环节中，直接参与的工作人员都会根据实际情况记录相关资料。比如，修复师会记录实施修复的过程和细节，形成文字、图片等形式的档案资料，这些资料真实地反映了当时的工作情况。总的来说，文物保护修复档案贯穿了整个工作流程，由参与各个环节的人员如实记录，最终形成系统、完整的档案资料。

（一）接收文物

在文物有被保护修复的需求时，文物的所有者、保管部门、收藏单位（以下称"委托方"）会委托有修复资质的个人、部门或单位（下文称"修复方"）进行保护修复。委托方提取文物移交给修复方，文物有规范的出库流程。按照《中华人民共和国文物保护行业标准》中的《馆藏文物出入库规范》的要求，"文物交接双方对出入库文物的名称、编号、数量和保存状况等基本信息进行详细核对、交接、记录"，即完成"点交"行为。一般"点交"时，文物管理员会在自己的工作职责内填写《文物出入库凭证》出库栏目，内容包括提取原因、文物基本信息、文物现状、经办人和单位签名、经办时间、藏品数量变动统计表。与此同时，修复方通常会得到委托方给予的一份待修复文物清单，清单上通常记录了文物简单的特征和状况信息。

然而，单纯的"点交"活动对以修复为目的的文物交接而言可能并不够。为了维护双方利益，确保修复工作的顺利进行，修复方通常需要详细了解和确认文物基本信息、保存状况以及过去的修复记录等信息。这些信息对档案记录、指导检查工作、制定修复方案、评估修复难度和预测修复效果至关重要。因此，修复方需要额外注意资料的收集和记录。委托方有责任确保所提供文物信息的准确性，并在必要时提供额外的历史资料或修复建议，以便修复方能快速掌握文物基本情况，为后续工作的开展奠定基础。

（二）检查与研究

修复方拿到文物后，他们不仅需要对文物进行详细的检查，以全面了解其状况，还需要根据实际需要进行测试分析，为进一步开展深入研究做准备。这些步骤都是确保文物得到妥善保护和修复的关键环节。

首先，修复方在接收文物后，会根据文物调查报告中所掌握的信息，有条不紊地展开文物的检查工作。这一步骤至关重要，因为它为后续的修复工作提供了基础数据和方向。通过检查，修复师可以了解文物的特征、材质、结构、保存状况、先前修复迹象等信息，从而制定出更加科学合理的修复方案。检查工作由修复师开展或主导，采取的工作手段有直接观察、拍照绘图等。修复师凭借其专业素养，利用手边的工具对文物进行敏锐的观察和测量。这一过程中，修复师需要使用专业术语，以记叙性的客观描述来记录观察测量到的事实，避免有主观色彩的描述。修复师通过照片将文物的整体外观和细节特征记录下来，同时还能进一步识别文物损坏情况，剖析文物制作材料和工艺，挖掘文物的艺术特征。为了使检查研究结果更加直观易懂，修复方在必要时可以运用病害状况图、结构层次图等图像进行展示。同时，在记录检查工作的过程中，修复方应采用图文并茂的方式，确保信息的完整性和准确性。

其次，根据实际需要，修复方还会进行一定的测试分析工作，如纤维识别、清洗测试等。这些测试旨在更深入地了解文物的状况，包括其物质组成、材料特性、损坏程度等。同时，测试分析还有助于评估将要进行的修复操作是否有效，以及是否会对文物造成潜在损伤。通过这些测试，修复方可以更加准确地判断文物的保存状态，并选择最适合的修复材料和操作条件。修复方必须详细记录测试工作的结果，撰写测试分析报告，这些文本资料为制定修复方案提供了宝贵的数据和参考。

最后，修复方可能还需要进行更为深入的研究，如文物年代分析、材料筛选实验等。这通常涉及对文物的历史背景、文化内涵、制作工艺、状况评估、修复新材料和新技术等方面的深入研究。通过深入研究，修复师可以更好地理解文物的价值、状况和治疗手段，为后续的修复工作提供更加全面的指导。因此，深入研究工作的文本资料记录也是保护修复档案不可或缺的一部分。

（三）制定修复方案

在完成了文物状况检查和相关测试工作后，修复方才能明确修复目标，并确定适当的修复技术，从而制定出科学且完善的修复方案。这一方案是依据前两个阶段的工作成果并结合文物保护修复领域的理念、原则以及行业最新共识制定的。同时，修复方也会充分考虑委托方的具体需求。通常，修复方案由修复方主导制定，但也有可能委托第三方单位负责编制。

为确保修复方案的科学性和可行性，修复方需要与委托方进行深入沟通。沟通方式可以灵活多样，包括面对面交流、电话沟通、邮件往来以及组织讨论会、协调会和论证会等。这些沟通活动都是围绕制定修复方案展开的，因此必须详细记录。档案记录需要坚持"谁执行谁记录"的原则，最终由方案制定者将所收集的信息进行整合，并撰写出修复方案。

虽然制定方案的具体细节可能不会全部体现在最终的修复方案中，但这些记录是方案形成过程的重要参考凭证。修复方有义务和责任收集这些资料，并在必要时将其作为补充材料附在方案中，以确保方案的完整性和透明度。

（四）实施修复

当修复方案得到确认后，修复师就可以着手对文物进行保护修复工作，并务必确保将实际操作过程如实记录下来。

由于修复过程可能持续数天甚至更长，因此修复师需要以"修复日志"的形式，及时且详细地记录当天的修复内容。这种做法不仅有助于提升记录工作的质量，还为后续修复报告的编写提供了便利，使其能够基于"修复日志"快速概括出相关重点内容。

在进行记录时，修复师可以选择录像、摄影、录音、文字、绘图等多种方法。需要注意的是，某些记录方法在修复过程中可能并不适用。例如，在书画修复过程中，某些清洗步骤一旦开始就必须持续进行至操作完成。因此，修复师应事先预设好适合当时情况的记录方法。

为避免事后记录材料失去真实性和客观性，修复师应尽量避免事后回忆和补充的记录方式。若确实无法及时记录，应尽可能在事后进行核实和修正，以确保记录内容的准确性。

（五）修复总结

文物修复工作完成后，修复方将根据已有文本资料，结合专业要求、委托方要求以及其他因素，开展总结性工作。这包括撰写总结性文本、整理资料以及归档档案等步骤。

为了科学系统地记录整个修复过程，修复方需要精心制作一份"修复报告"。同时，为了方便文物携带和展示其修复信息，修复方还需要制作一份"修复标签"。如果委托方对藏品档案管理有特殊要求，比如需要以卡片形式记录文物的修复经历，修复方可以为其出具"文物修复记录卡"。另外，如果修复方或委托方计划进行展览或制作修复图录，修复方只需准备一份"修复介绍"即可。这些总结性资料的内容、重点和详尽程度各不相同，但都需符合各自的目的和用途。

值得一提的是，2022年国家确定了新时代文物工作的方针，即"保护第一、加强管理、挖掘价值、有效利用、让文物活起来"。这一方针强调了文物保护修复工作中价值挖掘的重要性。在保护修复工作中，修复方通过研究文物，不断发掘新的信息，有助于更深入地认识文物的价值。因此，价值认识和评估应成为保护修复工作的重要目标之一，并在总结性资料中得到体现。

此外，为了后续的验收论证工作，修复方还需及时收集整理相关资料，确保形成完整、翔实的文物保护修复档案。

（六）验收入库

当文物修复工作圆满完成后，在将文物正式交还给委托方之前，修复方必须经历一个严谨的验收程序。只有当这一程序顺利完成，文物保护修复工作才算真正画上了句号。为了证明这一过程已经得到了双方的确认和批准，双方参与人员需要携手合作，共同完成一份详尽的验收记录。这份记录不仅是对修复工作质量的最终确认，还是双方责任与合作的见证。

二、记录方法与形式

记录文物保护修复档案最基本的方法就是以文本的形式进行记录，同时还可以用数字媒体去记录。总的来说，当代文物保护修复档案资料的记录方法以手写手绘、计算机编码、摄影、录音、录像等手段为主。载体形式以纸张、光盘、计算机磁盘为主。记录形式主要有文本文档和视觉文档。

（一）文本文档

文本文档以文字记录为主，辅以图表，格式可以是表单式或叙述式，能在计算机上直接编制成为电子文件，后通过打印成为纸本文件。

（二）视觉文档

视觉文档以摄影获得的照片和绘图获得的图像为主，能在计算机上存储为电子文件，也可以印刷为纸本文件。

三、可以使用的资源

目前，文物保护行业需要进一步提高对保护修复类档案的重视。从事文物保护、修复的相关人员需要在工作开始前就明确项目要求，并且与委托方沟通，制定好建立档案资料的计划，其中包含所需资料、程序问题、行政信息、保密性等。在计划实施前，相关人员需要盘点软件和硬件资源。软件资源是指开展档案工作所需的费用、时间、人。硬件资源是指涉及档案记录的设备，如摄影、录像、录音设备，绘图软件、办公软件，打印机、扫描仪，信息管理系统、网络系统支持、存储软硬件支持等。资源决定了档案资料的形式、内容和质量。

四、正确的建档方法

好的建档方法可以帮助从业者更好更快地完成具体工作。具体方法有以下几种。

（一）采取多种记录形式

具体记录形式包括文本、照片、影像、录音、图纸（手绘、软件绘制）、收集来的辅助资料（文章、网页链接、纪录片等学术资料）。

（二）受行业规范指导

记录要遵照国家标准与行业标准，使用专业术语。

（三）日志式记录

文物修复的各项工作都有明显的时间特征。日志式记录可以记录复杂而琐碎的工作细节，不仅有助于详细记录工作行为，还确保每个重要时间点都能留下明确的痕迹。如此完善的时间轴便于后期进行总结和复盘。

此外，日志式记录的一个显著优点是其模式化的记录方式，能有效保留工作的行政信息，如参与工作的人员和时间等。

（四）注重工作管理细节

为了确保文本资料具有凭证作用，除了对工作内容进行详细记录外，还需认真对待相关工作的管理细节。这些细节包括但不限于明确记录负责人员、准确记录日期、双方共同签字确认、对档案名称进行标注、包含文物的独特特征信息（如文物名称、文物编号）等。这些环节虽然看似无关紧要，但关系着一份档案凭证的效力和可靠性。只有将"人""事""凭证"有机结合，将责任与具体人员对应，做到一物一记、一物一管理，方能有效防止工作中的遗漏和疏忽，确保档案记录的完整性和连贯性。

（五）适时调整建档模式

原则上每个修复对象应单独建立档案，但有时候根据需要可适时调整。如果一组工艺和破损状况相同的修复对象属一个修复项目，其修复操作技法相同，又由同一名修复师独立修复，为了提高档案工作效率，便于档案的集中管理，可以添加一个建档说明，记录哪些内容可以合并或选择有保存价值的统一记录。

（六）必须做归纳总结

资料的总结要根据使用者的需求对内容进行整合。如果是为非专业人士，如某位收藏家提供文物保护修复档案资料，要注意解释专业术语。有时为了提高沟通效率，有些信息可以简化，但不可故意隐瞒。文件的格式、详细程度和重点记录的内容也会根据不同的用途而有所不同。例如，为了展览而制作的总结资料需要特别详细地描述预防性保护建议，科学或研究目的的资料则需确保技术内容的详尽。

（七）及时归档和保存

在文件资料成为档案之前，必须经过相关的归档程序。良好的归档保存工作会为后期各项工作的顺利开展打下基础。所以归档和保存时，需要考虑资料载体的耐久性，并严格执行收集、整理和归档等步骤。

（八）关注档案资料的后期利用问题

记录的形式和归档保存的程序都该关注信息检索、数字化编制、未来访问、永久性保护这些问题，档案资料若不能被利用就失去了它的意义。

正如之前所述，要掌握正确的建档方法，记录者不仅要文字功底扎实，熟悉专业术语、行文规范，还应具备基本的计算机操作能力、归纳总结能力、摄影和一定的绘图能力。这些技能将在后文中详细讨论。若记录者忽视建档方法和相应的专业技能，档案资料的质量和管理可能面临严重问题。

五、保证档案质量

为了保证档案的质量，记录者需要客观地，用专业术语进行记录，让读者能够快速捕捉到资料的主要内容。

档案中的图像资料，其信息要素必须明确。1. 病害图可以使用绘图软件按照标准符号和线条进行绘制。2. 为了保证照片信息丰富，避免单张照片色彩失真、信息不全等问题，拍摄环境应符合要求，包括光源和摆放位置。要重视按需挑选色卡或制作色卡。绘图和照片尽量保证是多角度、多层次的，因为一张照片所能反映的信息有限，多张不同角度的照片才能尽可能完整地保存真实的信息。3. 后期避免照片过度处理导致无法使用。4. 要保证照片的清晰度，以便后期放大以进一步研究状况特征的变化、对比和区别。5. 图像要及时、妥善保管。合适的文件名和文字说明，能让拍摄照片的意图和照片所反映的主次信息不被遗忘。

一般情况下，档案以纸质、电子的形式存在。建立档案资料的专业人士，需要学习基本的资料管理技能，除了保证档案资料安全、全面地被保存，还应能实现检索、利用等功能。同时建档人员还需做好备份工作。

思考题

1. 随着文物保护修复工作的开展，通常都会产生哪些文本资料？
2. 文物保护修复档案工作都有哪些建档方法？

第三节　工作标准与标准化

我国文物保护修复行业的标准由国家文物局颁布，并由全国文物保护标准化技术委员会负责制修订。全国文物保护标准化技术委员会负责专业范围为不可移动文物、可移动文物、文物调查与考古发掘、文物保护、博物馆及其信息化和信息建设领域国家标准制修订工作。2008年至2022年，国家文物局共计颁布42项国家标准、110项行业标准。其中有2项国家标准需重新修订，目前正在实行的共40项，7项行业标准因已实施相应的国家标准而被废止，另有1项行业标准暂不公布，目前正在实行的行业标准共102项。

值得注意的是，目前有4项与档案构建密切相关的国家标准正处于审查阶段，它们分别是2017年下达制定计划的《馆藏文物病害描述及图示基础要素》《馆藏文物病害数据库建设规范》《文物科学技术档案管理规范》和2018年下达制定计划的《馆藏文物保护技术基础术语》。

相关行业标准可从国家文物局官网首页"政务公开"/"法定主动公开内容"/"行业标准"进行下载[4]，也可以从全国标准信息公共服务平台官网首页"技术委员会"/

---

[4] http://www.ncha.gov.cn/col/col2423/index.html.

"技术委员会名录"/"TC289 全国文物保护标准化技术委员会"/"相关国家标准"或"相关行业标准"查询每个标准的相关信息，但不能下载[5]。

另外，其他相近行业的标准如档案领域的《明清纸质档案病害分类与图示》亦可指导相关工作。

由于整个保护修复过程的工作内容非常繁杂，涉及的领域非常广泛，在记录信息的时候，无论是术语还是技能指导，均需参考相应的标准。因此，充分了解与保护有关的国家和行业标准，并能快速查找定位，懂得如何从标准中获得自己想要的答案，对提高构建档案资料的效率，保证资料的学术准确性都有极大的帮助。

思考题

1. 你会从哪几个方面介绍一份与文物保护修复档案建立工作相关的国家或行业标准？

拓展阅读

[1] *Code of Ethics and Guidelines for Practice*，AIC，1994

[2] *Conservation Documentation and the Implications of Digitisation*，Michelle Moore，*Journal of Conservation and Museum Studies*，2001

[3]《浅论文物保护修复档案的科学构建》，宋纪蓉、刘舜强，《中国文物保护技术协会第五次学术年会论文集》，2007

[4]《试论健全文物修复档案的措施》，仝艳锋，《中国文物科学研究》，2008

[5]《浅谈古籍修复的科学化管理》，张志清，《国家图书馆学刊》，2004

[6]《档案管理学基础（第四版）》，陈兆祦、和宝荣、王英玮，中国人民大学出版社，2021

[7]《科技档案管理学》，王传宇、张斌，中国人民大学出版社，2009

[8]《档案保护技术学教程》，郭莉珠，中国人民大学出版社，2008

[9]《档案保护技术实验教程》，唐跃进、张美芳，中国人民大学出版社，2018

5　https://std.samr.gov.cn/org.

第三章
文本记录

文本记录者在遵循职业操守的前提下，根据修复对象类型、状况灵活选择记录形式，避免简单地套用示例，并适时调整，从而确保资料的科学性和学术性。

文本记录的情景主要有三类。第一类是修复的同时，在文本记录模板上记录。为了确保记录的客观性，文本模板要设计得简洁易用且内容全面。第二类是在一天工作或一项工作完成后进行归纳总结。第三类是与档案资料受众进行沟通后，适时修改的文本资料。无论是哪一种情景下产生的资料，经过审查后都有可能成为归档档案。

在文本记录工作中，有关术语的使用和规范描述可以参考以下标准和规范：部门规章如《博物馆藏品管理办法》《文物藏品定级标准》《文物认定管理暂行办法》等，国家及行业标准如《文物藏品档案规范》《馆藏文物登录规范》《馆藏文物出入库规范》以及第一次全国可移动文物普查中制定的相关政策规范如《国有可移动文物普查——文物登记表（试行）》等。针对不同类型的文物，我们还可以参考相应的病害（分类）与图示、病害评估技术规程、保护修复方案编写规范和保护修复（档案）记录规范系列标准，这些标准为具体操作提供了详细的指引。此外，科技研究部分的填写，可参照《古代陶器科技信息提取规范方法与原则》等行业标准。这些规范和标准共同构成了文本记录工作的参考体系。

文本记录包括以下几个报告：文物调查报告、检查报告、测试分析报告、修复方案、修复日志、修复报告、其他文本资料等。

在开始记录前，记录者还需了解该文物的收藏单位已有的一些资料信息：第一，馆藏文物登录的相关文档，如《文物鉴定表》《入馆凭证》《馆藏文物编目卡》《博物馆藏品总登记账（文物）》《馆藏文物分类账》《藏品档案》，从中获取文物基本信息、管理信息、影像信息等；第二，列入文物藏品档案归档范围的文档，如《文物藏品登记表》《文物藏品动态跟踪记录汇总表》、影像资料、相关文件材料、相关文献材料等，可从中获取文物藏品档案记录的内容，包括文物实体属性信息、管理工作信息、研究利用信息、保护修复信息；第三，可从第一次全国可移动文物普查软件中获取所采集的信息，包括文物基本信息、文物管理信息、文物照片信息、文物收藏单位信息等。以上这些资料可以让记录者有针对性地与相关文博人员沟通，快速调查出已有的资料来为自己的记录服务。

下文将重点分述各类文本记录的编写说明，并以陶瓷、书画、油画作为示例进行讲解。

第一节　文物调查报告

文物调查报告（又称文物提取报告）是在交接工作时，修复方根据收集的资料编写的一份有关文物基本情况的文本资料。这份报告旨在确认修复方收集到的相关文物的资料，明确责任，避免产生纠纷。报告的内容为修复方后续有计划地开展保护修复工作提供了依据。

为了认证文物身份，修复方需要收集核查文物的基本信息。为了明确各流程中文物的状况，避免产生争议，修复方还需核查文物在接收前的损坏情况。为了后续检查工作能分析到位并为病害状况的评估提供依据，修复方需要收集文物曾经的保存环境和历次保护修复情况信息。如果文物来源为考古发掘，委托方还需提供发掘记录资料，包括文物出土的方位关系、环境条件如土壤信息等。修复方应记录委托方的送修原因和要求，并随时记录后续检查、研究、采样、检测分析、摄影等工作的关注点或计划，以便更有针对性地开展文物检查工作并制定初步的修复计划。

一、文物基本信息

如果修复品是某个文博单位已入藏的藏品，那么收藏单位在进行文物登录工作时就按照《馆藏文物登录规范》记录的相关信息，包括总登记号、名称（含原名）、年代、质地、类别、数量、尺寸、质量、级别、来源、完残状况、保存状态、入馆日期共 13 项。

此外，《文物藏品档案规范》中的《文物藏品登记表》也要求记录这 13 项文物基本信息，并且该规范要求更详细，具体录入项目如下：总登记号（总登记号、入馆登记号、分类账号）、名称（名称、曾用名）、年代（年代、年代类型、年代研究信息）、质地、类别、传统数量/实际件数、尺寸（容积）、质量、级别、来源（来源方式、来源号、来源单位或个人、搜集经过、留传经历、出土情况、鉴定情况）、完残状况（完残程度、完残状况）、保存状态（当前状况、保存条件、损坏原因、保护优先等级、拟采取的保护措施、历次保护记录、主要利用情况记录）、入馆日期（入藏日期、入馆日期、入藏库房）等。

如果文物经历了第一次全国可移动文物普查，这项工作可按照《国有可移动文物普查——文物登记表（试行）》的要求记录信息。该规范和《馆藏文物登录规范》《文物藏品档案规范》相比，增加了普查工作产生的信息指标，如普查登记号、登记名称等。

上述三份文件中，前两者是文物登录和藏品档案的行业标准，是服务于馆藏文物登录和制作藏品档案的。后者是为期五年（2012—2017 年）的第一次全国可移动文物普查工作所制定的工作规范，是服务于文物调查及数据库管理系统建设的。

具体的文物保护修复工作需要明确修复对象才能针对性地开展，因此，需要文物认证信息。根据已经颁布的七类文物的方案、档案和病害评估规程标准来看，通常要记录的文物基本信息包括名称、总登记号/馆藏编号/登录号、年代、级别、类别、质地、来源、尺寸、收藏单位、认证照片共10项。对部分类型的文物而言，其质量还需记录。

如果在保护修复工作项目开始之前没有相关资料可以直接提取这10项信息，比如需要紧急修复的对象未进行文物认定，未曾登录、建档或普查过，修复对象的大部分基本信息不能从委托方获得，其身份特征就无法确定。这种情况下，修复方需要就在后续保护修复工作中，修复方要将信息补充到什么程度的问题与委托方进行沟通。一般情况下，修复方会在检查工作中再次确认文物实体基本信息，如类别、质地、尺寸、质量、认证照片。需要注意的是，文物名称和文物号码是识别修复对象最有效的信息，作为必填信息须在档案内标明，所填信息必须与修复对象编目信息一致，以便日后调档、回溯、使用。修复档案的命名方式也应兼顾文物名称或文物号码。如果无法确定名称和号码，双方应重点讨论应对方法，确保日后如需依据文物编目信息来回溯修复信息时能够准确查询到修复档案即可。年代和级别信息可以不必作为关键信息特别关注，填写这两个信息需要较高的专业素养，不应由保护修复从业人员自行判断。尽管如此，修复方可以依据相关工作发现的信息为年代、名称的确认提供参考，委托方如认可且需要修复方的研究结果，经过协商，在无文物号码的情况下，修复方起码要填写名称信息。

文物认证信息的重要性还体现在保护修复档案名称的确认。正如前文所述，文物名称和文物编号是回溯和检索档案的关键依据，即如果档案名称能体现这两者，便能依据档案名称就能快速准确地锁定对应的修复对象。同时，如果以项目形式完成大量修复对象的修复工作，档案名称最好也体现项目名称，此举将方便日后能统一查询同一项目下的修复档案。档案名称可以体现委托方机构或部门名称等属性信息，也可以体现修复方如修复师姓名等属性信息，方便依据双方信息进行快速检索。总之，档案名称的命名原则是，一能快速溯源对应的修复对象，二是方便档案的管理。

因此，按照保护修复工作的特点，修复方需要清楚文物基本信息的填写要求，从而确保按照相关标准和规范完成文物信息的认证工作。

（一）名称

移交文物时，如果文物已有经审核认定的准确、科学、规范的名称，则应记录该名称。若缺乏已审定的规范名称，但委托方的相关资料中有记录的名称，即使该名称尚未完全符合文物定名的标准或规范，仍可以此作为档案记录的依据，以确保档案记录的名称与委托方资料中的名称一致。此外，我国文物定名遵循"观其名而知其貌"的重要原则，这意味着文物的名称应当能够准确反映其外观特征和内在属性。在命名时，《馆藏文物登录规范》的"附录E馆藏文物定名说明"和《国有可移动文物普查——文物定名标准（试行）》等文件可以参考。根据这两个文件，文物定名主要包含以下三个要素：1.年代，指的是文物的制造年代或使用年代；2.特征，指的是涵盖了文物的地域特色、人文内涵，以及相关的工艺技法、纹饰题材、形态和质地等器物属性信息；3.器物的通称，通常指的是物品的器形或用途。在定名时，这些要素一般按照年代、特征、通称的顺序进行排列，例如，"陶器：唐 彩绘 陶俑"或"瓷器：元 磁州窑 白地黑花 婴戏图 罐"。[1]

此外，从新石器时代起，各类文化下的陶器、瓷器都有着不同的特征。如果能确定陶器、瓷器所属的文化，那么应在名称中有所体现。如，东汉的名瓷一般以窑口或釉彩进行分类。宋代的名瓷则多以窑口或窑系闻名，如钧窑。明清两朝更多以年号和釉彩去彰显一件瓷器的名贵。因此，应根据瓷器的制成年代和相关信息（如窑口、年号、釉彩、纹饰等）进行命名，并将这些特征写入名称中。一般的命名公式是：年代 + 文化 / 窑口 / 年号 + 釉彩 + 纹饰 + 质地 + 器形。

定名注意事项：

1.具有历史、艺术、科学价值的仿制品，需注明。不能确定仿制时间的，应在年代前加"仿"字；如能确定仿制时间，则应标明仿制年代，如清雍正仿成化斗彩盘。

2.具有历史、艺术、科学价值而本身严重残缺的文物，应先注明"残"字，如战国残水陆攻战纹铜鉴。

3.凡不能分割的文物，定名时应标记在一起。成组的文物，完整无缺者，需定一集体名称；失群者应在单个名称前标上集体名称，如唐三彩十二辰"龙"俑。

4.书法、绘画文物中如有多位作者，定名时为避免字数过多，应以前三名作者名字为主，后缀"等合作"字样。但是，根据修复档案记录的理念，应将了解的信息全部记录下来，因此，未在名称中显示的作者名字可记录在后续的检查报告中。

5.文物既无铭文、款识，又无特殊纹饰者，在器形前标质地，如新石器时代石镰、商代玉刀、西周铜斧、战国铁犁。

6.凡文物附属的附件，不标在名称内，只在注中说明，如战国错金龙纹铜剑（附鞘）。

7.名称有铭文、款识的，一般应加双引号（青铜器、书法、绘画除外）。

8.近现代文物、文献文书类文物的命名应尽量精简内容，用词精练准确，但不能因字数限制而省略主要内容。

9.自然标本应依据国际通用定名法规定名。

（二）收藏单位

收藏单位应记录单位正式注册名称的全称，不得填写简称。

（三）总登记号

总登记号是指文物在现收藏单位《博物馆藏品总登记账（文物）》上的号码。

---

[1] 更多类别文物的名称示例可参考《国有可移动文物普查—文物定名标准（试行）》。

已进行入藏登录程序的文物，应记录其总登记号。若文物未经规范的入藏登录程序而直接送来修复，导致缺乏总登记号，则应使用辅助账册登记号、登记顺序号或其他相关编号，如索书号、档案编号、固定资产号、财产登记号、考古工作号等。若无法确定任何编号，应记录为"无原始编号"，并注明双方约定的规则。在记录编号时，务必注明所登记的具体编号类型，如"财产登记号"。保护修复档案中的"号"作为索引工具，有助于研究人员快速查找相关记录信息。

（四）来源

来源应记录现收藏单位获得文物的行为方式，包括旧藏、拨交、移交、交换、考古发掘、采集、征集收购、捐赠、拣选、其他。

1. 旧藏，是指原收藏单位历史上收藏并保存下来的文物。
2. 拨交，是指通过行政手段变更所有权的文物。
3. 移交，是指公安、海关、工商等执法部门移交罚没的文物。
4. 交换，是指国有文物收藏单位之间依据相关程序交换的文物。
5. 考古发掘，是指经正式考古发掘出土（水）的文物。
6. 采集，是指捡拾上交的文物。
7. 征集收购，是指以货币取得所有权的文物。
8. 捐赠，是指以无偿或少量奖励取得所有权的文物。
9. 拣选，是指从物资回收部门购得或从金属冶炼厂抢救的文物。
10. 其他，不属于上述来源的文物。

这里需要记录的是文物是如何进入收藏单位的，而不是记录它在修复阶段的来源地。明确了解文物的来源对于掌握其在保存和留传过程中可能遭受的损害至关重要，这是分析文物病害原因的重要基础资料。如有必要，修复方可以在调查文物保存状态信息的过程中，进一步补充和完善文物的来源信息，包括入藏的具体时间以及其他相关的留传经历。

（五）年代

年代指的是文物制作的具体时间，对后续评估文物价值、检索和利用档案资料具有极其重要的意义。如果文物的年代已经得到了认定，那么应直接采用这一年代信息；如果年代信息尚不确定，应记录为"年代不详"。在保护修复档案的后续整理过程中，如果有了充分的学术依据来认定文物的年代，可以参照《馆藏文物登录规范》的"附录F馆藏文物年代标示说明"以及《国有可移动文物普查——文物年代标准（试行）》的相关规定，按照年代表述原则进行相应的补充填写。

年代表述原则如下。

1. 在表述年代时，应采用以下五种方式之一：地质年代纪年、考古学纪年、历史朝代纪年、公元纪年或标注为"年代不详"。

2. 对于史前文物,应使用考古学年代进行描述,例如旧石器时代、新石器时代。

3. 对于历史文物,应使用历史朝代纪年进行表述。如果纪年确切,可以同时用公元纪年进行标示。如果历史朝代纪年不明确,可以使用考古学年代进行描述。当同时使用历史朝代纪年和公元纪年进行标示时,应先标示朝代纪年,并在括号内标示对应的公元纪年,例如明洪武二年(1369)。如果文物跨越了两个或更多的连续时代,应标示起止时代,例如宋—明;如果不能确认具体时代,应标示跨度年代,例如秦汉、明清;如果时代完全不详,应标示为"不详"。在历史朝代标示可能产生歧义的情况下,应遵循以下原则进行表述。

(1)对于夏、商、周时期的文物,如果年代明确,应分别标示为夏、商、西周、春秋、战国。若商或周的具体时期不明确,可统一标示为商周。同理,对于西周、春秋、战国时期的文物,若具体时期不明确,可标示为周;若春秋与战国时期的文物年代不明确,可标示为东周。

(2)汉代文物应分为西汉、东汉两个时期进行标示。若无法确定具体是西汉还是东汉,可统一标示为汉代。

(3)三国时期的文物应具体分为三国魏、三国蜀、三国吴进行标示。若无法确定具体属于哪个国家,可标示为三国,但不可单独标示为魏、蜀、吴。

(4)晋代文物应分为西晋、东晋两个时期进行标示。若无法确定具体是西晋还是东晋,可统一标示为晋代。

(5)对于十六国时期的文物,应明确标示时代及国别。若国别不明确,可标示为十六国,但不可单独标示为某一国,例如十六国前秦、十六国。

(6)南北朝时期的文物应标示南朝、北朝各代。若无法确定具体朝代,可标示为南朝、北朝或南北朝,但不可单独标示为宋、齐、梁、陈,如北魏、南朝宋、南北朝。

(7)五代十国时期的文物应标示时代及国别。若无法确定国别,可标示为五代十国;若属于十国之一的文物,只能标示为"五代十国××",不可标示为"五代××",例如五代后唐、五代十国北汉。

(8)宋代文物应分为北宋、南宋两个时期进行标示。若无法确定具体是北宋还是南宋,可统一标示为宋代。

4. 对于地方政权控制时期(如少数民族政权、农民起义政权等),在标示年代时,应优先采用中原王朝(正史)的纪年方式。同时,为了提供更全面的信息,建议在注解中补充地方政权的年号或公元纪年。例如,如果文物来自大理国的日新五年(1012年),在标示年代时应写为"北宋",并在注解中注明"大理国日新五年(1012年)"。

5. 近现代文物的年代一般使用公元纪年进行标示。如果纪年信息不详,可以使用如"清末""中华民国""中华人民共和国"或所属主要历史时期(如"第一次国内革命战争时期""抗日战争时期")等来进行标示。

6. 对于外国文物，在标示年代时，应明确标注其所在国别及年代信息，并同时提供对应的公元纪年，如日本明治二十年（1887）。

（六）质地

质地是指构成文物自身的物质成分，是进行物质损害原因探究和物质材料分析的基本信息，也是文物分类和预防性保护建议的主要依据。文物的质地主要分为单一质地、复合或组合质地。

单一质地分为无机质和有机质。无机质包括非金属材料、金属材料，具体有玉石器、陶器、瓷器、砖瓦、泥、玻璃器、金银器、铜器、铁器、其他金属器和其他无机质等。有机质包括植物质材料、动物质材料和其他有机质材料，具体有木、竹、纸、棉麻纤维、毛、丝、皮革、骨角牙等。

复合质地或组合质地指由上述两种或以上材质合成。

在记录时，应填写构成文物主体的物质材质。如果文物由多种材质复合或组合而成，应明确标注主要材质。例如，对于一件残留彩绘漆膜的灰陶罐，因主要材质为无机质，次要材质为有机质，可先列主要材质，次要材质放在括号内，比如"陶器（漆）"。

（七）类别

文物分类的基本原则是以质地为主要依据，同时兼顾文物的性质和功用，并充分考虑中国传统的文物分类方法。存世量较大且类别特征明显的文物，则可独立成类；而那些不具备这些特征的文物则归入其他类别。因此，对于常见的一般文物，可以将质地和类别信息合并记录，采用如上文所述的质地记录样式，也可根据具体情况，选择分开填写。在记录"类别"时，可以参考《馆藏文物登录规范》的"附录D馆藏文物类别说明"，以及《国有可移动文物普查——文物分类标准（试行）》作为指导。

（八）级别

可移动文物分为珍贵文物（一级文物、二级文物、三级文物）和一般文物，记录时只能填写这四种级别。如果无文物藏品档案或修复品没有被定级，则填入"未定级"。由于保护修复工作（主要是检查与研究工作）能发现很多信息，这些信息可以成为文物定级的学术支撑。这要求记录者了解文物认定和定级依据的部门规章，如《文物认定管理暂行办法》《文物藏品定级标准》和《国有可移动文物普查——文物认定标准（试行）》等，有意识地在检查报告文本中记录能辅助说明文物相关历史、艺术、科学价值的信息，并注意在修复方案类文本中阐述其价值。

（九）尺寸

尺寸是测量文物所得到的数据，直接反映了文物的外观特征。在修复过程中，文物的外观可能会发生变化，因此，在开始修复之前，必须准确记录文物的尺寸信息，以便与修复后的尺寸进行对比。

由于文物的外形各异，本节参考了《国有可移动文物普查——文物计量标准（试行）》，将文物分为平面文物、立体文物和异形文物。不同类别的文物需要测量的尺寸有所不同。

1. 平面文物：方形文物应测量其纵向（上下）和横向（左右）的尺寸，圆形文物则需测量其直径。对于绘画和书法文物，需要特别测量画心的尺寸。

2. 立体文物：需要测量其长、宽和高三个维度，或者测量高度、口径和底径（口径和底径一律测量外径）。

3. 异形文物：通常需要测量其最长、最宽和通高或最大直径的尺寸。

表3–1展示了陶瓷类文物的一种尺寸填写方式，要求尽可能详细记录文物的尺寸信息。净高指的是器物口沿到地面的距离，如果是某个特定部位如足的高度，也应明确标注。如果器物的高度不均匀，可以记录最高和最低的高度值。为了更直观地展示尺寸信息，建议在文物检查报告中附上物理测量图或软件建模图。

表3-1：陶瓷类文物基本信息表[2]

记录人		记录日期	
名称			
收藏单位		总登记号	
来源		年代	
质地/类别		级别	
尺寸（cm）和重量（kg）			
口径		底径	
净高		足高/其他	
重量			
认证照片			
签字确认：			

---

2 本书示例表格均为作者绘制。

记录尺寸基本单位是厘米（cm），测量时应精确到小数点后1位。

（十）认证照片

认证照片是指能够实现以图找物功能的一张文物照片。

（十一）质量

质量是文物所含物质的量，也就是通常所说的"重量"。它是文物物质的外在表现，在修复过程中，文物的质量可能会发生变化。对于某些文物的价值，质量是一个关键因素，如贵重金属和宝玉石等，这些文物的质量信息尤为重要。根据《国有可移动文物普查——文物计量标准（试行）》，除了上述提到的文物外，其他文物通常不需要测量质量。但是，对保护修复档案而言，文物修复前后的质量数据对于研究修复质量、文物物质以及修复材料等方面可能具有重要意义。因此，如果能准确记录质量信息，将有助于后续对质量问题的探讨，避免关键信息的缺失。在记录质量时，基本单位是千克（kg），一般精确到小数点后4位。如果以克（g）为单位，记录时应精确到小数点后1位。具体的精度要求应根据文物的特性和保护修复的需要来确定。

在记录文物基本信息时，尽管文本记录可以采用叙述式或表格式，但对同一类文物而言，所需了解的基本信息指标是高度相似的。为了提高调查工作的效率和方便性，推荐使用模块化的表格方式进行记录。记录者只需在表格的相应位置填写专业术语即可。因此，对于文物基本信息的记录，不建议使用叙述式，而是直接采用表格式，这样会更加清晰和方便。在设计表格时，可以参考之前提到的几个标准。

由于陶瓷类文物能够较好地代表馆藏器物类文物，这里以陶瓷类文物为例，展示其基本信息表的设计，具体参见表3-1。其他馆藏器物类文物可以此作为参考，根据实际情况进行适当的调整。

根据《文物认定管理暂行办法》，具有重要价值的书画作品有资格被认定为文物。但与古陶瓷、青铜器不同，许多需要修复的书画并未被文博单位收藏，更多的是以艺术品身份存藏于美术馆、画廊和私人收藏系统中。

因所采用的材料和制作工艺的特性，书画作品较为脆弱，保存过程中容易受损。因此，这类作品需要定期检查状况，并及时进行专业修复。鉴于此，对需要修复的书画作品而言，在开展基本信息调查时，原始档案资料可能无法获取，其与一般馆藏文物体系存在差异。

根据《馆藏文物登录规范》的"附录E馆藏文物定名说明"，书画的命名应遵循一定的公式，即"年代+作者+书体+主要内容+形制"。例如，一件清代任伯年创作的花鸟图作品，其命名应为"清任伯年花鸟图轴"；而元代鲜于枢的行草作品《进学解》，其命名则为"元鲜于枢行草'进学解'手卷"。

书画的收藏信息不再局限于收藏单位，而是更广泛地包括作品的所有者，可以是文博单位、个人收藏家、公司或协会等。因此，基本信息中将"收藏单位"改为"所有者"更为恰当。

由于书画作品往往能够明确追溯到创作者，因此在基本信息中增加了"作者"这一重要项。

对书画而言，修复工作更侧重于其载体材质和媒介信息，在记录时，只需标明是"纸本"还是"绢本"，以及是"设色"还是"水墨"即可。在类别上，书画通常分为"书法"和"绘画"两大类。

此外，记录者还需要测量并记录画心和整件作品的纵横尺寸，通常先记录高度，再记录宽度。

综上所述，书画所需收集的基本信息与陶瓷类文物有所不同。其中，"收藏单位"一项被改为"所有者"，并新增了"作者"信息。最终确定的信息指标包括名称、所有者、编号/总登记号、作者、年代、级别、类别、质地、来源、尺寸及认证照片，共计11项。

其他基本信息的填写可参照之前的说明。书画的基本信息同样可以整理成表格格式，具体可参见表3-2。

表3-2：书画基本信息表

记录人		记录日期	
名称		所有者	
编号		来源	
作者		年代	
质地	☐纸本 ☐绢本	级别	
	☐设色 ☐水墨	类别	☐书法 ☐绘画
尺寸（cm）			
画心	纵	横	
整件	纵	横	
认证照片			
签字确认：			

基于西方绘画所采用的材料特性以及作品在社会中的广泛流动和传承，约每隔20年一幅西方绘画就需要进行全面的保养与修复。这一情况不仅存在于古老的西方绘画作品中，许多当代艺术家的创作也需要定期送修维护。事实上，在西方国家，西方绘画修复已发展成为较为成熟和普遍的商业服务。这种情况造成了西方绘画相关档案资料所面向的群体与传统文物体系存在明显区别。针对需要修复的西方绘画，特别是较新创作的作品，往往能追溯到更多有关创作者、创作年代、材料使用等的原始信息。与书画类似，西方绘画作品在艺术市场中流动性较强，多以艺术品身份归属于美术馆和私人收藏系统。正是大量的市场需求，西方绘画修复服务行业得以日益壮大和专业化。因此，在交接时，西方绘画需要收集的基本信息与陶瓷、书画也有一定的区别，去除了"名称""类别"和"级别"，"质地"改为"媒介"，增加了"签名"，最终的信息指标包括所有者（收藏单位）、编号/总登记号、来源/出处、年代/创作日期、作者、标题/题材、媒介、签名、尺寸及认证照片，共10项。

西方绘画的命名方式往往灵活多变，没有统一的标准。有时，创作者会在画作上直接标明标题；有时，艺术家或研究者会根据画面的内容来为其命名。因此，在搜集西方绘画的基本信息时，无须严格遵循文物体系的命名规则为其命名，而是记录作品的标题或题材。如果作品没有明确的标题，基本信息中可以暂时标注为"无标题"，并附上双方认可的临时命名，以便开展后续工作。需要注意的是，这一阶段的命名可能随着后续检查研究的深入而有所调整，它仅仅是一个临时性的命名，用于指导工作进程。

在填写媒介一栏时，需要遵循一定的公式，即"支撑材质 + 绘画媒介"。例如，"布面油彩"表示画作是以布料为支撑材质，采用油彩作为绘画媒介；"木板坦培拉"则表示画作以木板为支撑材质，使用坦培拉技法进行绘制。西方绘画修复工作中，修复对象的支撑物材料多样，包括布、木板、纸、金属板、玻璃、塑料、陶瓷等；画面绘制技法有油彩、坦培拉等。画面与支撑物材料的组合，使得整个作品的媒介特性独具一格，这种组合导致了作品状况和修复手法的差异很大。因此，与陶瓷的记录方式有所不同，油画作品的记录方式不能仅仅停留在填写"质地"信息上，而是需要更加着重地记录支撑材质和绘画媒介。为了更好地反映这一特点，认证信息将"质地"一词替换为"媒介"。此外，由于西方绘画的"类别"往往是根据其媒介来划分的，与陶瓷相比，基本信息可以省略"类别"这一栏，以简化记录过程。

对西方绘画艺术品而言，委托方大多为个人或一些收藏机构。它们通常不被纳入文物体系，因此不受文物主管部门的监管，没有"级别"一说。而且，"级别"信息与修复操作关系不大，因此，通常不会被列入基本信息中。

与书画类似，"作者"信息对西方绘画同样具有重要意义，它不仅是作品价值的体现，还可以帮助进行作品溯源。在西方绘画中，"签名"是一个较为普遍的现象。如果在画作中未发现签名，应记录为"无"；如果画作上有签名，则需如实记录。值得注意的是，作者的姓名和签名有时并不一致。"签名"作为一个独立的信息点，对于信息索引工作至关重要，因此不能忽视。

其他基本信息的填写，可以参照陶瓷和书画的记录说明进行操作。同时，西方绘画的基本信息也可以采用表格格式进行记录，具体可参见表 3-3。

表 3-3：油画作品认证信息

记录人		记录日期	
编号		标题/题材	
所有者		作者	
来源/出处		年代/创作日期	
媒介		签名	
尺寸（cm）			
画面尺寸	高	宽	
外框尺寸	高	宽	
认证照片			
签字确认：			

二、文物保存状态信息

结合修复工作的属性,并参考相关规范、普查工作文件及相关文物保护修复方案编写规范、档案记录规范和病害评估技术规程多项标准,在交接阶段,修复方需要调查并记录的保存状态信息,包括以往的保护情况、历次修复工作的详细信息、文物的保存环境、文物当前状况的描述以及其他相关资料。

若委托方提供完善的藏品档案,包括《文物藏品登记表》中的完残状况和保存状态信息,以及《文物藏品动态跟踪记录汇总表》的保护修复记录,便能协助修复方快速完成文物保存状态信息的调查。这将有助于后续的病害状况检查和评估工作,从而明确修复的紧迫性和必要性,并在修复计划中体现了"对症下药"的科学治疗方针。

在设计记录形式时,建议参照表3-4,并将其合理地安排在文物基本信息表的背面。为确保信息的清晰和查找便捷,应尽可能将文物的基本信息和保存状态核心信息全面地记录在同一页纸上。这样,不仅能方便地查阅文物的基本信息,还能迅速了解文物的保存状态。如有需要,更详细的资料可作为附件添加到后面,以便后续查阅和参考。

表3-4:文物保存状态信息

以往保护情况	□已保护 □未保护
历次修复工作的详细信息	(填写每次修复的起止时间、技术方法、主要材料、操作人员、修复效果。如果修复情况较多,应将相关资料附在后面,并在此处填写相应的附件编号。可参考《馆藏出土竹木漆器类文物保护修复方案编写规范》中的表3)
文物保存环境	(填写文物在交接之前的保存环境。记录地区气候环境和保存空间环境,如温度、湿度、保存空间管理细节和光源信息等内容。应将相关资料附在后面,并在此处填写相应的附件编号。可参考《陶质彩绘文物保护修复方案编写规范》中的表3)
文物当前状况的描述	(用文字简要描述受损情况,可搭配手绘图加以说明)
其他资料	(若文物来源于考古发掘,需在此详细说明发掘时的环境情况。若文物有先前被利用的历史,包括其留传经历、保管信息以及展出和使用情况,也应在此进行说明。为确保信息的完整性和可查性,应将相关资料附在后面,并在此处填写相应的附件编号)

思考题

1. 你一般通过什么手段完成文物基本情况的调查工作？

第二节 检查报告

　　检查报告，又称状况检查报告，是在文物修复前的现状检查工作中，修复方根据文物调查报告和检查工作结果编写的文本资料。若文物调查工作存在不足或信息记录不完整，修复师在检查时需补充或更正相关信息。检查工作的多样性决定了记录手段的丰富性。为了更有效地记录这些信息，可以预先设计一份检查报告模板。在记录过程中，只需按照模板的顺序，依次填入直接观察的结果、拍摄的照片、手绘或软件绘制的图像，以及测试分析所得出的结论。在此过程中，务必注意使用专业术语，以确保记录的准确性和专业性。

　　文物全面检查是文物保护修复工作中至关重要的一环。检查工作的重要环节之一，便是对文物特征与工艺进行细致的检查。它涉及对文物的独特性、形式、风格以及制作过程中的材料、技术和方法的了解，这不仅有助于深入完成文物的认证，揭示文物的历史文化内涵，还能为后续修复工作中采取相同材料和技术提供重要依据。对文物损坏情况的检查是文物全面检查中的另一个重要内容。了解文物的损坏情况，包括病害状况的类型、分布、数量、面积等，对于后续修复工作至关重要。这些信息是我们制定修复方案、选择修复方法的重要依据。因此，在文物保护修复工作中，检查报告不仅是对文物特征与工艺以及损坏情况深入检查的详细记录，更是为后续修复工作提供关键依据的重要文件，其地位举足轻重。

一、文物特征与工艺

　　尽管各类文物的特征与工艺记录方式有所不同，但它们往往都采用图文结合的方式来呈现，以便更全面地展示文物的独特魅力和制作工艺的精湛之处。

　　对于单一材质的文物，条理清晰地记录其工艺特点是至关重要的。这种记录通常采用直观的方式描述文物的特征。以瓷器为例，可参考故宫博物院、国家博物馆等机构官网对有关藏品的描述，一般按照以下顺序：首先描述其造型，如从头至脚依次叙述其特点；其次描述釉色、彩绘等表面装饰；最后提及题材、窑口和产地等背景信息。如某件瓷器的记录为：该器物为敞口、束颈、丰肩、直腹、平底、无款识。肩部一侧装有一个低于壶口的八棱形短直流，与之对应的一侧颈肩部则安置有壶柄。器物采用米黄色胎质，除足部外，通体施以淡雅的绿釉。绿釉表面呈现出细腻的小开片现象。除以文字描述外，记录者还需插入六视图照片、细节照片、多光谱照片等，以全面展示文物的技术特点。这些照片应适当地配文字说明，以便更清晰地传达相关信息。照片的拍摄要求详见第四章。

当陶器中有陶文、符号、彩绘文字等信息时，除了需要插入局部照片以进行说明之外，还需对这些具体内容进行描摹记录。对于非文字类信息，记录者可以采用手绘或使用软件绘图工具来获取图像，并将其插入文本中；对于文字类信息，则使用简体中文进行记录，并采用"文字内容：×××"的样式进行填写。

为了全面认识一幅书画，需要记录的内容相当丰富，涵盖了题材、形制、风格、信息识别以及装裱工艺等多个方面。在检查书画的装裱状况时，修复师不仅要确认相关组成部分是否存在，还需详细记录其质地、尺寸等详细信息。为了提高记录效率和专业性，可以设计一种表格记录方法，表格设计的具体示例可参考表3-5。这种方法采用勾选形式，将题材、形制、风格、信息识别、装裱工艺等常见选项预先列出，修复师在记录时只需根据实际情况勾选相应选项即可。相较于传统的填空题表格，这种方法更为简便，因为它省去了修复师思考如何准确描述专业术语的环节，从而提高了记录的准确性和效率。

西方绘画的组成材料具有明显的层次结构，如布面油画，通常包含辅助支撑（如木质画框）、支撑物（画布）、基底层、颜料层和表面涂层。为了更清晰地记录这些层次状况，可以采取按材料层次分别记录的方式。在设计记录表格时，可以借鉴书画的记录方法，将具有明确术语的内容设计为选项，这样能够使记录更加清晰明了。具体的设计样式可以参考表3-6。在记录中，对于纤维种类的记录，检查报告中只需记录结论即可，尽管这个结论是基于测试分析得出的，但详细的测试分析过程并不需要在检查报告中呈现。

表 3-5：书画检查报告（局部）

题材	☐山水 ☐花鸟/动物 ☐人物 ☐_____			
形制	☐立轴 ☐手卷 ☐拓片 ☐册页 ☐横披 ☐镜心 ☐扇面 ☐____			
风格	☐工笔 ☐写意 ☐____			
信息识别	☐款识 ☐印章 ☐题跋 ☐签条/标签 ☐托裱 ☐修补 ☐____			
	照片			
	符号、文字等信息的抄录和绘图			
装裱工艺信息	名称	是否存在	质地	尺寸
	天地杆		木 竹	
	轴头		木 竹 玉 金属 其他	
	天头地头		绫 锦 绢 纸	
	正隔水		绫 锦 绢 纸	
	副隔水		绫 锦 绢 纸	
	边		绫 锦 绢 纸	
	小边		绫 锦 绢 纸	
	局条		纸	
	锦眉		锦	
	签条		绫 绢 纸	
	包首		绫 锦 绢	
	惊燕		绫 锦 绢 纸	
	搭杆		绫 锦 绢 纸	
	别子		木 玉 其他	
	轴片		玉 象牙 其他	
	装裱工艺细节照片			
	装裱结构层次示意图			

表 3-6：布面油画检查报告（局部）

支撑物（织物）					
纤维种类	□棉布　□麻布　□棉麻混纺　□化纤　□_____				
织法	□平纹　□斜纹　□密织　□松织				
厚度/重量	□厚　□中等　□薄				
织边	□有　□无		拼缝	□有	□无
标签/记号	□有　□无		先前修复	□有	□无
经纬数（根/cm²）	经线	纬线	折边宽度（cm）		
（用文字对下方照片进行说明）			（用文字对下方照片进行说明）		
（插入特征与工艺照片）			（插入特征与工艺照片）		
保存状况	（用文字描述有无状况，以及什么样的状况。如支撑物现状需要描述是否新鲜、陈旧、肮脏；是否变色；有无水印和其他污迹；是否均匀地绷在内框上；有无足够的张力；折边是强劲还是脆弱；有无内框印痕；有无凸起或凹陷等平面变形；有无褶皱和波纹；有无破洞和裂口；如有缺失，缺失的范围和位置）				
（状况术语+文字描述）			（状况术语+文字描述）		
（插入对应状况的照片）			（插入对应状况的照片）		

二、文物病害状况

由于各类型文物的病害情况复杂，叫法不一，为保证记录的信息具有科学性，文字记录需要使用规范术语。病害状况术语可以优先采用文物保护行业的国家标准，其次是行业标准。没有以上资料可以参考时，则可以参考相近行业的标准、权威机构发表的文章和著作中的描述。陶瓷类文物病害术语可参考《可移动文物病害评估技术规程 陶质文物》《可移动文物病害评估技术规程 瓷器类文物》等。书画病害术语可参考《馆藏纸质文物病害分类与图示》《明清纸质档案病害分类与图示》《馆藏丝织品病害与图示》等。

虽然各类文物记录病害状况的侧重点有所不同，但通常采用图片描述和适当的文字说明来进行记录，必要时可制作病害图和示意图加以说明。

可视化图纸是记录病害状况的另一种重要方式。通过绘图，病害的类型、范围、长度和面积等信息可以被清晰地展示出来。这些图纸可以根据需要设计成多角度病害图或单一角度病害图，甚至可以一种病害对应一张图纸。

若有必要，病害的活动性质也需要记录。根据病害的性质，可以将其分为稳定病害、活动病害和可诱发病害三类，并进行分类记录。

根据前面的记录和分析，修复人员给出文物的总体评估意见，并提出相应的保护修复建议。

记录陶瓷类文物的病害状况时，通常采取整体概述、细节描述和可视化图纸相结合的方式。在整体概述部分，首先，给出结论，概述文物的病害种类数量，并列出具体的病害术语；其次，详细描述每种病害的分布位置，并提供相关的量化数据，如长度、宽度、面积和深度等；最后，还需评估这些病害对文物外观、结构、寿命和价值的影响。

与陶瓷类文物有所不同，记录书画病害状况时通常不会进行整体概述，而是分别详细记录纸张和写印材料的病害状况。由于书画的病害状况较为复杂且多样，为方便记录，可以采取全部罗列的方式，如表3-7所示。此外，结合相应的图像说明，可以更直观地展示病害状况的细节。若需要更进一步的说明，可以借鉴陶瓷类文物的做法，将书画的病害状况进行可视化展示。通过插入病害图，可以更清晰地呈现病害的分布情况和严重程度，为后续的保护修复工作提供有力的依据。

表 3-7：书画检查报告（局部）

纸张		写印色料
☐（1）水渍	☐（11）粘连	☐（1）脱落/剥落
☐（2）污渍	☐（12）霉斑/微生物损害	☐（2）晕色/化开/渗开
☐（3）皱褶	☐（13）虫洞/动物损害	☐（3）褪色
☐（4）折痕	☐（14）脆化/糟朽	☐（4）字迹扩散
☐（5）变形	☐（15）絮化	☐（5）字迹模糊
☐（6）断裂	☐（16）表面尘垢	☐（6）字迹残损
☐（7）残缺	☐（17）脱层	☐（7）返铅
☐（8）烟熏	☐（18）空壳	☐（8）_____
☐（9）炭化	☐（19）裂口	
☐（10）变色	☐（20）破洞	
	☐（21）_____	

在记录油画的病害状况时，应借鉴记录其特征与工艺时操作的记录思路，分层次进行详尽的记录。每个层次的特征与工艺记录完毕后，应紧接着记录该层次的病害状况，见表 3-6。由于油画各层次状况复杂，需记录细节较多，可参考陶瓷文物的方式，以段落描述状况等，使记录更为全面，从而适合报告的编写。若使用表格进行记录，病害状况会呈现得非常直观和清晰，适合现场工作时快速记录。无论采用哪种记录方式，都需要大量的图片来呈现文物状况的细节，这对检查工作的拍摄技术提出了更高的要求，详见第四章。

思考题

1. 表格中设计选项的优点有哪些？

第三节　测试分析报告

测试分析报告是在完成相关检测工作后，修复方根据测试结果编写的一份文本资料。它为状况检查和修复技术的选择提供了科学依据，是不可或缺的支撑材料。

不同类型的文物所需的测试类型有所不同。例如，瓷器类文物的测试类型通常包括污染物的成分分析等。书画的测试类型则涵盖成分分析、纤维识别、画心载体的厚度、色度与酸碱度测试，以及写印材料对水及其他溶剂的反应等。油画的测试类型包括木质识别、纤维识别、成分分析、画布酸碱度测试、浆底测试、画底可溶性测试、颜料层对水的反应、颜料层对热量的反应、表面清洗测试、光油层可溶性测试及其他测试等。

上述测试类型大多数由修复师亲自操作执行。然而，对于成分分析、结构分析等较为复杂的检测类型，可能需要委托专家进行专业检测，并生成详细的检测报告。修复师在接收到这些检测报告后，需要将其中的重点内容整合进自己的测试分析报告中，以便更全面地了解文物的状况。同时，修复师还需要为检测报告添加相应的代码，以便于后续的管理和查询。这些带有代码的检测报告将作为测试分析报告的附件，一同保存和归档。

在整理这些工作内容时，修复师可以参照保护修复（档案）记录规范系列标准，采用列表的形式进行整理。列表的设计可参考表 3-8，根据实际需要进行适当的调整和优化。

表 3-8：检测分析一览表

样品编号	样品名称	样品描述	检测目的	检测方法	分析结果	检测单位	检测时间	报告代码	备注

由修复师执行的测试类型通常采用相对简单的方法。在进行测试时，修复师需要在测试分析报告中详细记录测试方法、结果和结论。具体来说，修复师需要用文字简要描述所采用的测试方法以及得出的结论，以便其他人员能够快速了解测试的核心内容。同时，为了更直观地展示测试或取样的具体位置，修复师还需使用图示进行标明。

此外，报告中还应罗列必要的测试结果，如显微图、照片、数值等，以便更全面地展示测试的详细情况。这些图示和数值能够直观地反映文物的状况，为后续的修复工作提供有力支持。

在格式设计方面，修复师可以参考表 3-9，根据实际情况进行适当的调整和优化，确保报告内容清晰、易读。修复师通过这样的记录方式，不仅能够提高工作效率，还能为文物保护和修复工作提供更为准确、全面的数据支持。

表 3-9：写印材料对水的反应

测试方法	采取在原作上进行点测试的方法。
结论	不晕开。水对某些写印材料影响不大，水洗时无须对写印材料进行特别注意，上命纸等步骤也无须顾及水量对写印材料的影响。

（插入测试位置图示）	（插入结果照片）

除了详细记录已经进行的测试内容外，修复师还需要特别注明那些因客观条件限制而未能进行的研究工作。报告中应清晰列出这些受限的研究项目，并简要说明未能进行的原因。同时，修复师还应根据专业判断，推荐进一步研究的测试类型，以便未来在条件允许的情况下进行深入探究。

此外，在报告的结尾部分，务必注明报告人的姓名和撰写日期，以确保报告的完整性和可追溯性。这样的记录方式不仅能够体现修复师对工作的全面考虑，还能为后续的文物保护和修复工作提供有价值的参考。

一、检测报告

对文物实体进行更深入层次的检测和研究，往往需要依赖特定的仪器或设备，这些工作通常由专业的科学研究室或机构单位承担。由于检测结果的准确性和可靠性在很大程度上取决于仪器条件、样品制作以及数据解读的精准性，因此，必须使用专门的报告样式来全面、准确地记录整个工作过程。这类检测报告通常作为重要的支撑材料，以附件的形式呈现。其中，检测工作所采用的方法和所获得的结果或结论，也会被整合到检查报告和测试分析报告中，以便展示核心的信息。

检测报告的内容通常包括检测目的、样品信息、测试方法、检测结果、结果分析与评价、结论与建议、附件等部分。设计检测报告可以参考表 3–10，根据具体需求和实际情况进行适当的调整和优化。

表 3-10：检测报告

检测人（单位）	SIVA 实训中心理化材料实验室	联系电话	021-6782××××
测试日期	2023 年 12 月 20 日	报告日期	2023 年 12 月 25 日
检测目的			
（确认碗底白色附着物成分）			
检测样品			
（填写样品名称、编号及介绍）			
测试方法			
（列出所采用的仪器分析方法及检测参数） 仪器名称：微区 X 荧光光谱仪 仪器品牌及型号：略 分析条件：50kV，700μA，测试时间 120s			
检测部位			
（插入检测点在文物中的位置分布图、仪器导出的测试点）			
检测结果			
（数据、谱图、图片。注意检测点与数据要匹配且指示明确）			
结果分析与评价			
（对上述检测结果进行综合分析与评价）			
结论与建议			
（从研究目的的角度出发，总结分析结论，针对性提出文物诊断和修复处理的建议）			
参考文献			
（列出参考文献，按《信息与文献参考文献著录规则》国家标准中的格式进行填写）			
附件			
（插入检测过程中的原始谱图、原始照片、原始数据，或记录这些资料的电子文件的元数据，附件内容与该报告一同交予修复师，以便修复师查阅原始资料）			

检测工作通常有两种模式：自行检测和送样检测。无论哪种模式，修复师都应清楚报告内容。如果是自行检测，修复师需自己制作检测报告；如果是送样检测，修复师则要求对方提供完整全面的检测报告。一般送检具体步骤如下：

（一）修复师阐述自己的检测目的，检测方给出相应的检测方法，方法确定也就意味着明确了样品要求；

（二）修复师根据沟通结果，做好样品采集和送样准备，记录送样细节；

（三）检测方收取样品后，完成检测前进场准备、现场检测工作、检测数据处理、出具检测报告。

在这种工作模式下，修复师需要详细记录送样情况，并将这些记录信息准确地传递给检测人员。这样，检测人员在进行检测工作和出具报告时，都能有所参考，从而提高工作的准确性和效率。需要记录的送样信息包括检测目的、文物编号、样品描述、样品编号、样品名称、样品描述以及送样时的样品认证照片或包装照片。此外，取样人、取样日期、送样人、送样日期等信息也应记录，以确保送样过程的可追溯性。在记录这些信息时，修复师可参照表3-11设计表格，再根据实际情况进行调整和优化，确保记录清晰、准确。这样的记录方式，不仅能够为检测工作提供有力支持，还能为后续的文物保护和修复工作提供有价值的参考。

表 3-11：送样表

样品来源	□文物 □残片 □采集				
取样人		取样日期			
送样人		送样日期			
检测目的					
样品数量		样品类别			
文物编号	样品编号	样品名称	样品描述	照片	检测目的
SIVA01S01	wy-1　1	锈蚀物	红色	/	锈蚀物成分
	wy-1　2	锈蚀物	绿色	/	锈蚀物成分
收样人		收样时间			

二、实验报告

为了对修复材料或技术进行深入的实验研究，需要编写相应的实验报告。这份报告在制定修复方案、确定修复路线以及列出所需材料清单时发挥着至关重要的作用。与深入的检测研究工作类似，实验工作的执行者需负责、详细地记录整个实验过程。

修复师在完成材料、科技分析、实验等相关课程的学习与训练后，应能够胜任此类实验工作。当然，在必要时，修复师也可以委托专业的文物保护科技工作者来执行实验任务。

实验报告的内容通常包括实验目的、实验内容、实验原理、实验器材、实验步骤、实验结果、实验分析和结论等部分。实验报告的设计可以参考表 3-12 的格式。

表 3-12：实验报告

实验名称					
实验时间		实验地点		实验人员	
实验目的					
（主要说明直接目的和研究目的）					
实验内容					
（简要说明为完成目的需要做的事情）					
实验原理					
（简要综述相关材料、工具、反应原理、技术原理等）					

表 3-12：实验报告（续）

器材
【需要填写材料试剂（试剂用量及规格）和设备工具（规格及型号），尽可能分类罗列】
实验步骤
（填写实验路线和具体步骤）
实验结果
（完整地记录实验操作所得的所有结果，如数据、图片等）
分析与结论
（对实验结果进行分析，总结主要结论，清楚表明预期目标是否达成。找出本实验中的潜在问题，为今后学习研究中的相关实验开展提出展望）
参考文献
（按顺序罗列设计实验和结果分析时需要参考的文献）

思考题

1. 测试分析报告与检测报告的区别有哪些？

第四节　修复方案

修复方案，作为一种周详且具备操作性的计划，部署了目的、要求、方式、方法、进度等各个关键要素。这一方案通常在前期检查和研究工作之后、修复工作正式展开之前被精心编制，旨在为后续的修复行动提供明确指引。

为确保修复方案顺利实施，通常需要向上级或主管部门提交该方案，明确记录方案的批准过程，以确保流程的透明与合规。

在编制修复方案时，需要事先整理与收集前期工作所产生的各类文本资料，包括但不限于文物调查报告、检查报告、测试分析报告等，同时，需对这些重要内容进行精准概述与评估，确保方案的基础数据准确无误。

此外，与相关单位、部门及人员的深入沟通也是方案编制中不可或缺的一环，确保目标、路线、步骤、进度安排、经费预算、风险评估等细节得到充分的讨论与确认。如有必要，可组织论证会，邀请专家学者共同探讨方案的科学与合理性。

文保领域已制定了《陶质彩绘文物保护修复方案编写规范》等相关标准，为修复方案的编写提供了明确指导。综合考量七类文物的方案编写规范标准，修复方案的内容主要涵盖以下几个方面。

（一）前言

开篇阐述保护修复任务的起源、立项的经过、所承担的任务要求以及此次修复工作的核心目的与深远意义。通过这一部分的学习，读者对整个修复项目会有一个宏观而清晰的认识。

（二）基本信息与价值评估

这一部分将整合文物调查报告和检查报告的内容，尤其着重于文物的价值评估。需明确的是，价值评估并非一蹴而就，随着后续修复工作的深入，我们可能会对文物的价值有更深的认识。因此，方案中的价值评估旨在基于当前信息为文物价值提供概览。

（三）保存现状的调查与评估

此部分同样整合了文物调查报告和检查报告，并重点对文物的损坏状况进行深度评估。文物的损坏程度直接体现了修复工作的紧迫性，是制定修复目标的重要依据。前期实验的结果为路线的制定提供了必要支撑。对于石质文物和陶质彩绘文物，尽管有时会单独列出前期研究内容，但从内容属性上看，将其整合进现状调查与评估中更为合理。此外，由于软硬件限制，某些检测和实验工作可能需要较长时间。实际操作中有时需要在方案制定与修复实施之间同步进行检测和实验工作，因此，技术路线设计中应适当考虑这部分内容。

（四）保护修复工作目标

综合文物调查报告的送修说明，以及方案制定过程中涉及的沟通、论证等活动的总结与记录资料，确立保护修复工作的具体目标。这些目标的制定不仅依据修复原则、沟通需求以及实际可行性，还充分考虑了文物的当前状况与特定需求，从而确保目标的针对性和实用性。在编写目标时，可以分两个层次撰写：工作目标和技术指标。工作目标主要明确了文物修复的总体方向和任务，为修复工作提供了宏观的指导。技术指标具体地描述为达成工作目标需要处理的病害种类及其处理程度，为修复师提供了详细的操作依据。

（五）保护修复技术路线

此部分详细规划了对文物实体进行的保护修复干预路线。值得注意的是，这并不是从文物接收到最终修复完成的完整工作路线。在制定方案之前，前期的调查、检查和研究工作已经完成了，而在制定方案之后则是实际的保护修复实践。因此，这里所描述的是保护修复实践阶段的具体路线。实践中需要同步进行的实验，也将在技术路线中予以体现。为便于理解，技术路线可采用简洁的语言描述，或以流程图的形式直观展示。

（六）保护修复的步骤与要求

进一步细化技术路线，详细列出每一步修复步骤及其对应的作用和目的或工艺细节与要求。同时，明确每一个步骤所需的材料、工具。

（七）保护修复的工作量与进度安排

综合考虑文物的数量、种类及修复难度，结合现有保护修复场地和设备的实际情况，精确估算所需技术人员的数量和预计的工作时间。为确保项目的有序进行，明确按年、月划分的进度安排，并设定各阶段工作量的具体指标。

（八）经费预算与管理

详细列出总经费预算及经费来源，如有需要，可附加详细的预算明细表，确保经费使用的透明性和合理性。

（九）风险分析及评估

深入剖析可能阻碍保护修复工作的技术、政策、经费、人员、设施等方面的难题，并提出相应的解决和应对措施。例如，针对具体的修复技术难题，列出可行的解决方案；对于异地修复可能面临的包装运输风险，给出相应的风险缓解措施。

（十）保护修复方案编制单位和人员信息

明确列出委托单位、方案编制单位及参与单位的详细信息，包括编制负责人、方案审核人、主要编制人员的个人信息，确保方案的编制和实施具有明确的责任主体。

（十一）安全措施

确保文物安全，加强防盗和防火措施；关注人员安全和环境保护，确保整个修复过程安全无虞。

（十二）保护修复后的保存和使用条件建议

根据方案所确定的技术路线和文物的后续使用规划，为相关单位和人员提供详细的修复后文物保存与使用说明。这不仅有助于方案审核时从文物后续使用的角度评估修复路线的合理性，也为文物修复完成后的使用和管理提供了明确指导。

（十三）方案编制单位资质、政策保证、人员条件与安排等

充分展示方案编制单位的资质、政策保障以及人员条件和安排等，以证明工作组为确保方案顺利实施所做的全面准备和努力。

为方案添加专业封面，并由各单位负责人签字盖章确认。这份精心策划的保护修复方案正式确定，可为后续修复工作的顺利展开奠定坚实基础。

在保护修复方案的编写规范系列行业标准中，为了提高方案的可读性和实用性，建议将（四）至（九）项内容整合成一份修复方案编制基本信息表。这份表格应以简洁明了的方式呈现方案的核心信息，包括工作目标、技术路线、修复步骤、工作量与进度、经费预算、风险分析等关键要素。而（十一）（十二）（十三）项内容，根据具体情况可作为备注信息列入基本信息表，为方案的实施提供额外的参考和指导。

当采取表格式文本的形式制作方案时，可以参照相关行业标准的示例表格，确保表格结构清晰、内容准确。表格不仅有助于方案的编制者系统地整理和展示信息，还能方便审核人员快速了解方案的核心内容，提高方案审批的效率和准确性。

思考题

1. 修复方案的作用有哪些？

第五节　修复日志

修复日志是修复师在进行文物修复工作时详细、客观地记录具体修复操作和文

物状态变化的文本,直接反映了修复过程的真实情况。由于修复细节直接关系到文物的最终呈现效果,且修复过程一旦开始无法回到之前的状态,因此,及时、准确地记录修复操作技术和文物状态至关重要。为了确保修复事实的完整性和真实性,修复师应坚持每天记录修复日志,以天为单位,详细记录每一天的保护修复工作,为文物的修复工作留下宝贵的文字资料。

修复日志的内容详尽且客观,涵盖了日期、地点、人员、环境以及工作内容等多个方面。

文物修复工作中存在两种环境:工作大环境和特殊操作环境。工作大环境通常指的是文物存放的常规环境,这个环境可以揭示文物状态变化的部分原因以及操作者的工作状态。这种环境记录对于日常监控和一般性分析是足够的,通过日常记录即可满足需求。然而,在修复过程中,文物可能会处于一个特定的、受控的局部环境,即特殊操作环境。这个环境的温湿度条件对文物有直接的影响,可以探究文物状态变化的直接原因。因此,在记录修复过程时,特殊操作环境的记录显得尤为重要。值得注意的是,尽管两种环境在某些情况下可能相似,但它们的记录意义截然不同。工作大环境为长期监控和一般性分析提供基础,而特殊操作环境则是对修复过程中文物状态变化的直接反映。

在日志中,我们可以设置专门的部分来记录这两种环境。例如,我们可以在日志的开头部分记录工作室空间环境的日常情况,作为背景信息;而在描述具体修复事件时,详细记录文物操作环境的各项参数,以便后续分析和研究。这样,通过明确区分和记录这两种环境,我们可以更全面地了解文物的保存状态,分析文物变化的原因,评估修复工作的效果。

在进行文物修复的具体事件记录时,修复师需要详尽地描述工作内容,包括所使用的材料、操作条件、工艺步骤以及所达到的效果和反思。

(一)材料

详细记录所使用的材料,包括其商品名称、成分以及具体用途。若某材料在修复过程中被重复使用,则仅在首次使用时进行详尽记录,后续提及只需注明材料名称即可。

(二)操作条件

清晰描述操作时的环境条件,包括使用的工具、仪器设备以及操作时的局部环境温湿度等信息。这些信息对分析文物变化的原因至关重要。

(三)工艺步骤

以文字形式详细阐述每一步工艺操作,同时辅以动手操作的细节照片和示意图,以便更直观地展示修复技术的实施过程。

（四）效果与反思

通过文物照片和文字描述，记录修复工作所达到的效果。此外，修复师还需对整个修复过程进行反思，思考其中的得失以及未来可以改进的地方。

在进行每日修复工作的过程中，修复师应具备高度的记录意识，随时运用文字、照片、图示、视频、录音等多种手段细致入微地捕捉和记录操作细节与关键要点。单纯依赖文字描述修复前后的文物状态以及修复过程中的各种操作，不仅显得烦琐，而且容易引发理解上的歧义。因此，修复日志的编写必须注重图文结合，通过丰富的图像乃至影像信息，清晰、准确地展现文物的状态和修复过程。

为了确保同一件文物在不同拍摄时间和不同拍摄者之间拍摄的影像信息色差最小化，我们要求文物状态照片在拍摄时遵循第四章的拍摄要求，使用专门的拍摄空间、相机和色卡进行拍摄，从而确保照片的一致性和准确性，便于后续研究工作的开展。

在书画修复等工作中，某些记录方法可能因修复过程的持续性而无法即时使用。例如，清洗过程一旦开始，就必须持续至操作完成，这就要求修复师事先预设好记录方法。若采用事后回忆和补充的方式，可能会失去记录的真实性和客观性。

为确保记录的准确性和完整性，修复师应尽可能创造方便随时记录关键信息的条件。例如，可以打印一本记忆内页，用于在修复过程中快速记录重要信息，记忆内页的涉及可参考示表3-13。这样的设计可以避免事后写修复日志时遗漏关键信息。

在结束一天的修复工作后，修复师应将当日的内容进行整理记录。日志既有事实描述，也有个人的思考和见解。修复日志的设计可参考表3-14。

表3-13：日志本记忆内页

日期		地点		环境		修复人	
文物名称或编号							
修复步骤/内容	□阶段性工作　□完成			（简要概述修复内容，如清洗、粘接等）			
照片	□有　□无			张；（存储位置、起止）			
视频	□有　□无			个；（存储位置、起止）			
录音	□有　□无			个；（存储位置、起止）			
其他突发事件	□有　□无			（简要概述致使修复中断的事情，中断时间）			
备注	（可作为草稿纸简要记录想法、情感等）						

表 3-14：修复日志

日期		地点	
环境		修复人	
文物名称或编号			
工作内容			
（如有可能，所有内容都附以足够的影像资料。具有技术特点的实施过程以及修复对象现状变化则要求必须留下影像资料）			
特殊事件	（如果在技术操作过程中出现了与预先制定的修复计划不同的操作，务必详细记录技术变更的原因和具体细节。这包括任何导致修复工作暂停或改变的事件，如遇到技术问题、材料短缺、设备故障或其他非修复性工作内容）		
日志本记忆内页照片	（插入对应的纸质内页照片，以备细节查询）		

思考题

1. 好几天的修复工作都是同一工序，如果只按工序记录而忽略日常日志，可能会暴露哪些潜在的问题或缺点？

第六节　修复报告

修复报告是修复工作完成后，由修复师或团队成员撰写的一份技术总结。它的核心目的是对修复技术和文物实体的变化进行系统性梳理，确保读者能够快速获取关键信息。在编写此报告时，务必收集并参考所有"修复日志"，按照报告的结构要求对日志中的细节进行有序归纳和整理。

修复报告的主要内容通常涵盖以下几个关键部分。

（一）修复程序

详尽描述每个修复工艺的技术方法、操作步骤及其最终效果。更高的记录要求：以图解形式直观地展示具体修复工艺细节。

（二）技术变更

若在实际修复过程中发生与既定方案有偏差或计划外的修复步骤，应在报告中详细记录变更的原因、现象、调整后的方案及其实际执行效果。

（三）材料

修复报告中必须明确记录修复工作中所使用的所有材料，包括留在原作上的材料、没有留在原作上的材料以及化学品。对于每种材料，需记录其名称、成分、用途、厂家品牌或购买渠道。为方便查阅，建议采用表格形式记录，可参照表3–15。

表 3-15：材料一览表

材料名称	用途 / 技术信息	生产 / 配方	供应商 / 购买渠道

对于留在原作上的材料，需要在材料表中明确标注，并在文物实体上附加一份修复标签。若要达到更高的记录标准，建议使用图示方式，明确标记这些材料在文物上的具体位置。

除了上述要点外，报告中还应详细记录那些从文物实体上被移除的材料，如油画的旧内框、书画的原装裱材料等。在记录时，需注明这些材料的名称、成分或材质以及所采取的处理方法。尽管这些材料在修复过程中因某些原因被移除，但它们仍属于文物原作的组成部分，见证了文物在该阶段的完整性。因此，将其记录下来并以档案形式保存，对维护文物的完整信息至关重要。

若条件允许，建议保留这些被移除材料的小样，并与文物实体一同保存。同时，在报告中也应明确记录这一操作，以确保所有信息和实物的对应关系准确无误。

（四）信息

主要是记录被修复遮盖的信息和在修复过程中新发现的信息。

（五）保护修复后状况

详细记录文物因修复处理而发生的变化。为了更直观地展示这些变化，建议使用照片进行呈现。为确保前后对比的准确性，修复后的照片应与修复前的照片保持一致的拍摄角度。

（六）保存及进一步修复的建议

文物在修复过程中，其实体材料往往会发生改变，通常会加入修复材料。因此，无论是材料属性还是结构稳定性，都需要给予特别的关注。对于经过修复的文物实体，修复方需要提出合适的保存建议。例如，添加了修复材料的部分可能对拿持受力和温度有特定要求，若需移除这些修复材料，也需给出可行的方法和相应的注意事项。因此，在文物的后续包装、运输、展览和保存等各个环节，修复方还需提供关于光照、温度、湿度和空气等环境因素的预防性保护建议。同时，修复方还需为未来可能的进一步修复工作提出注意事项和潜在建议，以确保文物的长期保存与展示。

思考题

1. 请阐述修复报告与修复日志之间的关系。

第七节 其他文本资料

文物修复完成后,除了编写修复报告之外,还需要根据委托方需求,提供验收表、修复标签、修复记录卡、修复介绍、工作日志等文本资料。

一、验收表

验收表是在验收环节中,由修复方和委托方对保护修复项目做出评价的一份验收记录文本。通常修复方先给出自评意见,再由委托方或代表委托方的专家对该项目给出验收意见。这份文本资料是文物通过验收的凭证,可参考表3-16。

表 3-16:文物保护修复项目自评估与验收表

文物名称		文物编号	
自评估意见	(是否完成预期目的,变更设计内容与原因,保护修复效果,存在问题及讨论,完成进度,使用与保管条件建议) (主要修复负责人和参与人员均要在自评估意见上签字,并盖修复方单位公章) 签章: 日期:		
专家验收意见			
时间		组织单位	
专家名单			
验收意见	(针对自评估意见的几项内容反馈相应意见,也可以给出项目建议) (名单内专家均要在验收意见上签字,并盖委托方单位公章) 签章: 日期:		

二、修复标签

修复标签是文物修复后、验收入库前，由修复方制作的一种信息标签。修复标签主要是为了帮助相关人员在后续研究和认识文物实体时，快速了解该文物的修复经历。尤其是在对该文物进行日后维护和再修复时，标签能为保护修复人员提供直接而有价值的信息，对修复工作有重要指导意义。

文物在这次修复经历中被发现的病害状况，以及添加到文物原作上的修复材料，这些信息体现了文物某时间段中的物质真实性和信息完整性，是从业人员最为关注的信息。同时，修复单位或修复者、修复完成日期和修复档案编号能进一步完善信息索引。因此，修复标签主要记录的内容包括修复单位或修复者、修复完成日期、修复档案编号、病害状况、添加到文物原作的修复材料及相应用途或位置。标签记录形式如表3-17。

表3-17：修复标签

修复单位	上海视觉艺术学院		
完成日期	2018-10-19	档案编号	SIVA2015540019
病害状况	缺损		
补缺	AAA超能胶、滑石粉、石膏粉		
仿釉	聚氨酯漆		

编写好的标签需打印出来，装入聚酯封套，粘贴于或系带于文物实体不显眼的地方，如器物底部、装裱材料背面、油画背板，以便标签能跟随实物。

由此可见，如果一个文物被修复过，因为修复标签的存在，只要看到文物实体，就能初步掌握文物以往状况和物质材料组成，还能对深度研究有所帮助。这种积极的修复信息公开，无疑将提高文物保护的透明度，对修复事业的发展起到积极的作用，也使文物的生命力能够得到更好的延续。

三、修复记录卡

修复记录卡是以卡片形式记录文物某次修复信息的小型档案资料，是文物保护修复档案的简略版本。卡片式档案的信息经过浓缩，虽然不够详细，但相对全面，可以快速确认某件文物的修复经历，为后续研究和再修复提供有价值的参考。卡片式档案有着轻巧的形式特点，便于归档和快速检索，因此，非常方便相关单位建立修复资料库，有效管理和利用文物的修复信息。修复记录卡还能适应某些博物馆的传统卡片式资料管理模式，有一定的存在必要。卡片制作可参见表3-18。

表 3-18：文物修复记录卡

（正面）

年度		单位		卡号	
器物编号		器物名称			
年代		尺寸（cm）		重量（kg）	
特征					
修复前的情况		（残损情况、修复难点和重点）			
修复计划		（目标、计划）			
修复步骤					
修复材料					
修复后的保存建议					
修复者（签名或盖章）	日期	所有者（签名或盖章）		日期	

（反面）

修复前的照片	修复后的照片

56

四、修复介绍

修复介绍是一种简单直白地展示文物修复信息的资料形式,用来满足公众对文物修复的关注,促进公众对文物修复工作的理解和认同。公众最想了解的是文物修复前和修复后的差异、修复难点以及修复师的精湛技艺。因此,从公众传播角度出发,修复介绍可采取图文形式,简洁明了地阐释病害状况、修复难点、解决方法、修复效果等关键信息,如表3-19。修复介绍通常应用于修复图集、修复展览展牌等场景。

表3-19:清乾隆粉彩描金花卉纹盘

修复者	×××
年代	清乾隆
器物描述	口沿直径23.2cm,高2.5cm,底部直径12.3cm,重量319.2g。圆形、侈口、宽沿、圈足,胎质洁白细腻,通体施釉,绘制精工,无款识。盘内绘有描金折枝花卉纹饰,口沿开光绘有海水纹饰,画面大片留白,主题花卉所占面积较小,追求素雅、洁净的格调。
病害状况	器物共碎成10块,有锔补痕迹,器物背面残留19颗黄铜色锔钉。
修复难点	金彩效果的模仿,并确保仿金材料的耐候性。
解决方法	开展老化实验筛选老化性能较好的仿金颜料,后用筛选出来的硝基色漆手绘金彩。
(插入修复前全形图)	(插入修复后全形图)[3]

五、工作日志

在进行文物保护修复工作时,建立一个详细的工作日志列表至关重要,如表3-20。这个列表能够确保每个工作环节都有相应的元数据记录,形成完整的操作轨迹。[4] 在最终的档案整理阶段,通过查阅这个工作日志列表,我们可以轻松地了解并索引所有相关的工作内容,从而有效避免资料的遗漏或丢失。

在填写日志时,特别需要注明该工作内容是否有对应的资料留存。若有资料,

---

3 修复介绍中必须包含文物修复前后全形图的要求,见第四章第三节。
4 参考企业日志管理,明确事件事实,留存痕迹,查备工作量,可使档案资料有迹可循,符合办事要落实到人的工作规律。

应补充资料的名称和编号，以便后续查阅。相关工作的执行人在完成日志填写后，需亲笔签名以确认信息的准确性。同时，负责人也应在了解日志内容后签名，以确保所有工作环节都得到了适当的监督和确认。

表 3-20：工作日志

项目名称				实施单位			
完成日期				负责人签字			
工作日期	工作类型	工作内容	完成情况	其他工作/特殊事件	资料情况	工作人员	负责人审核
2023-11-1	试验	光油层清洗测试	结果：找到清洗配方 存在问题：无 解决措施：无	无	■有 测试分析报告 □无	张××	王××
2023-11-2	修复	给作品左上角光油层进行局部清洗	结果：完成 存在问题：无 解决措施：无	无	■有 修复日志 □无	李××	王××

思考题

1. 为什么要把修复标签添加到文物实体上？

第八节　文本资料的收集与整理

修复方在文物保护修复工作中承担着记录、收集、整理并交付档案的重要职责。[5] 此外，作为档案保存的主体单位之一，[6] 修复方还需确保档案的保存与备份工作得到妥善执行。无论是文本、照片还是图纸资料，档案都应至少保存三份，其中两份为介质不同的备份，一份为远程备份。所有档案资料都应得到妥善保管。同时，必须严格控制各项资料的使用权限，确保只有经过授权的人员才能访问和使用这些信息，这可以有效避免档案资料的损坏或遗失。

在保存与备份的具体操作上，修复方可以采取以下措施：一套纸质档案用来封存保管，就是将原件资料放置在带温湿度控制、防螨虫、防火、防盗等设施的场所封存起来，不对外开放，只作保存用。两套电子档案用来异地保存和查阅利用。异地保存，是指将一份副本保管在与主要档案资料保存场所不同的一个隔离地点，以防场所发生火灾等意外时资料损毁。查阅利用，就是对研究人员开放的可以查阅的资料副本。电子档案的存储载体一般为硬盘（电脑硬盘、移动硬盘、U 盘）、磁带、光盘或云存储平台，载体要设置成禁止操作的状态。电子档案的存储载体上要贴标签标示：题名（文物编号+档案编号）、形成时间、硬件及软件的环境等。查阅利用电子档案更便捷。

一、收集范围

在收集过程中应注意保留科学、系统、原始的有价值文本资料，注意以下几个原则。（一）进行内容审查，保留具有实际研究和历史价值的原始记录。（二）注重保留科学系统的完整数据和记录，以反映整个保护修复的全过程，如修复日志。（三）对重复或无实际价值的资料进行排除，以提高收集的针对性。（四）对涉密或涉隐私的内容，需去除相关信息后方可收录，如修复方案中的预算。（五）对一些备注杂记、未定稿等废稿也可以适当留存，保存原始记载，如接收文物时双方的交谈随笔记录。

在文物保护修复工作中，四份核心文本资料——检查报告、测试分析报告、修复方案和修复报告最为重要。这四份核心资料不仅反映了文物修复的全过程，而且是日后研究、维护文物的重要依据，因此具有极高的保存价值，必须被完整收集。

此外，文物调查报告、检测报告、实验报告、修复日志、验收表、修复标签和

5　资料的收集与整理包括资料的收集范围、资料的质量要求、装订、编目整理、资料的排列、盒面或袋面要有标签或封面，盒内或袋内要放入文件目录和备考表。为了使读者掌握文本、照片、图纸资料收集整理的要点，本教材分别说明了每类资料的收集与整理要求，这些资料的整理逻辑相似。三类资料归入同一个档案盒内，按文本、照片、图纸的顺序排列三种资料，其中，照片和图纸如不采取装具整理方式，则三类资料的文件目录和备考表可以合并。

6　可移动文物修复项目的保存主体单位或部门最起码有两个，一个是项目实施的修复方，一个是收藏文物的委托方。文物保护工程的档案保存主体单位包含项目委托单位、施工单位、勘察设计单位、监理单位、文物管理部门。

工作日志等文本资料作为具体工作的详细凭证，同样不容忽视。它们详细记录了修复过程中的每一个环节和细节，为主要档案资料提供了丰富的背景信息和辅助说明。因此，这些资料也需要被精心收集，作为主档案的有力补充。

二、纸质文本资料的整理

依据《科学技术档案案卷构成的一般要求》标准，文物保护修复工作的文本资料整理需遵循规范化要求，以确保其有序性和规范性。

（一）案卷要求：每一件文物的文本资料应整理为一个独立的案卷；所有纸质文本资料必须完整，且签名、日期等信息齐全。

（二）装订要求：所有文本资料应采用 A4 幅面纸进行打印，并采用左侧装订法，确保资料整齐，易翻阅。

（三）整理要求：所有文本资料应放入专用的档案盒中。档案盒上需粘贴统一设计的封面，封面应包括以下信息——项目名称、文物名称、文物编号、编写单位、审核人、项目负责人、整理资料的日期。同时，封面的显著位置应标明档案名称。档案盒内应包含以下资料。

1. 文件目录：以列表形式详细列出盒内所有文本资料的基本情况，见表 3-21。
2. 文本资料：对档案盒内的文本资料仅进行编号处理。文本资料的排列顺序为：状况检查报告、测试分析报告、修复方案、修复报告、各附件。
3. 备考表：备考表是档案管理中用于记录案卷文本材料数量、整理情况及责任人信息的工具，制作式样见表 3-22。

表 3-21：文件目录

序号	文本材料题名	责任者	日期	页号	张数	备注

表 3-22：备考表

本案卷共有文本材料　　页。			
说明：			
	立卷人：		
	年　　月　　日		
	审核人：		
	年　　月　　日		

三、电子文本资料的整理

遵循《电子文件归档与电子档案管理规范》的相关要求，电子文本资料需采用层级文件夹结构进行整理。具体整理结构如下：首先创建以"××档案名称"命名的顶级文件夹，然后在其中建立名为"文本档案"的子文件夹。接着，在"文本档案"文件夹下，为每一份单独的文本资料创建独立的文件，并按照"文物名称+资料题名"的命名公式为这些文件命名，如 ×× 档案名称\文本档案\单份文本资料。

思考题

1. 档案归档工作的具体步骤包括哪些？

第九节　文物保护修复档案管理系统

长期以来，可移动文物的修复工作主要由文物的收藏主体承担，或者由收藏主体委托给其他以收藏和展览为主要业务的机构进行。然而，随着近年来能从事可移动文物修复工作的单位数量逐渐增加，行业内对于可移动文物修复主体是否应当保留和管理相关档案的问题，似乎并未给予足够的重视和讨论。这种现状可能不利于可移动文物修复工作的专业化和规范化发展。与此同时，在不可移动文物的文物保护工程类项目中，行业已经展现出相对成熟的表现。业内已经形成了较为一致的共识，明确了文物保护工程文件的保存单位，这些单位包括项目委托单位、施工单位、勘察设计单位、监理单位以及文物管理部门。每一类文件该由谁保管，以及保管的期限是多久，也都有了相对清晰的规定和划分。这种明确和规范的管理方式，为不可移动文物的保护和修复提供了有力的制度保障。随着可移动文物保护修复机制的不断发展与完善，未来行业必将对保护修复主体提出更高的要求。实施保护修复的主体单位或个人完善文物保护修复档案，将成为必然趋势。

文物的保存时间和价值往往由收藏者来规划和赋予。收藏者通过精心策划和组织文物保存、修复工作，确保文物能够体现其独特的文化价值和历史意义，文物的内涵和外延能得到充分的展现和利用。

建档技术、档案质量和管理制度等决定了档案管理工作的质量。在实际记录、编辑、共享文本档案过程中，一些不方便之处往往存在：不能即时记录、编辑；后期收集整理这些文本需要耗费大量精力；文本资料不便于相关人员之间的沟通，负责人难以及时对资料进行过程审查。因此，实际急需一个具备实时记录、保存、共享等功能的系统来优化档案管理流程。这样的系统应便于随时录入内容，一键式便捷输出资料，并能快速检索和调取相关档案，实现档案资料的自动分类管理，从而提高档案管理的效率和质量。

2017年，广东美术馆馆刊发表了一篇由司徒勇、王晨翻译的文章，题为"Conservation Space: Documentation Management for Conservation Professionals"，该文由理查德（Mervin Richard）撰写。文章详细介绍了一款名为Conservation Space的文物保护文档管理软件。这是一款基于网络和开放源代码的应用程序，旨在简化文物保护业务流程，增强搜索功能，扩大研究机会，方便图像标注和处理，并为不同的文物保护群体——从大机构到私人执业者——提供更便捷的记录保存方式。

这款软件用户界面能让长期采用传统记录方式的从业者轻松转向数字化记录。它提供模板化表格供用户选择，使用户无须关注文档格式，从而更加专注于内容的编写。此外，软件还具备从其他数据库或文件中提取信息的功能，减少用户重复填写或错误填写的可能性。它还具备强大的信息片段和元数据搜索功能，提高了文档的利用效率。

Conservation Space还能进行统计分析并输出分析图表，方便研究。同时，它允许用户对图像文档进行查看、重叠和注释，便于记录者记录思考过程。所有的编辑和查看操作都会在程序上留下痕迹，便于文档的元数据保存。这款软件的开发解决了手写档案的诸多问题，优化了如Word或Excel等常规办公软件编辑文档的功能，并融合了网络和数字化信息计划，是档案数字化发展的产物。

2003年11月，国家文物局发布了《全国重点文物保护单位记录档案工作规范（试行）》，首次提出建立文物修复档案管理系统。随后，我国部分大型博物馆开始关注文物保护修复档案管理系统的设计与应用。这些系统大多应用于博物馆内的数据管理。辽宁省博物馆和上海博物馆的文物保护修复档案管理系统都关注了系统的流程设计和功能模块的设计。这种信息管理系统设计思路目前在我国博物馆中占据主流地位。

随着手机功能的日益强大，特别是其更强大的处理器、更高的分辨率、更好的网络连接等，人们对手机办公和记录的依赖程度不断加深。手机不仅能够随时随地输入文字、图像、影像、声音等信息，还能方便地调取和管理这些信息。因此，在后续研发中，信息采集管理系统应重点关注如何利用这些优势，提供更高效、便捷的信息采集、调取和管理解决方案。

思考题

1. 文物保护修复档案管理系统对档案记录的具体作用有哪些？

拓展阅读

[1] 中华人民共和国文物保护标准汇编，国家文物局（一），文物出版社，2010

[2] 中华人民共和国文物保护标准汇编，国家文物局（二），文物出版社，2010

[3] 中华人民共和国文物保护标准汇编，国家文物局（三），文物出版社，2016[7]

[4]《博物馆藏品管理办法》，中华人民共和国文化部，部门规章，1986

[5]《文物藏品定级标准》，中华人民共和国文化部，部门规章，2001

[6]《文物认定管理暂行办法》，中华人民共和国文化部，部门规章，2009

[7]《博物馆藏品信息指标体系规范》，国家文物局，规范性文件，2001

[8]《西汉彩绘兵马俑修复与保护》，李玉虎，科学出版社，2013

[9]《敦煌南湖乡林场出土东汉铜牛车保护修复报告》，杨小林，文物出版社，2012

[10]《唐墓壁画保护修复研究报告》，陕西历史博物馆，三秦出版社，2011

[11]《全国美术馆藏品普查工作标准工作规程》，文化部全国美术馆藏品普查工作办公室，人民美术出版社，2014

[12]《档案学概论》，冯惠玲、张辑哲，中国人民大学出版社，2006

[13]《电子文件管理教程》，冯惠玲，中国人民大学出版社，2017

---

[7] 重点阅读三本标准汇编中的如下标准：《WW/T 0020-2008 文物藏品档案规范》《WW/T 0017-2013 馆藏文物登录规范》《WW/T 0018-2008 馆藏文物出入库规范》、病害（分类）与图示系列标准（8个）、可移动文物病害评估技术规程系列标准（7个）、保护修复方案编写规范系列标准（7个）、保护修复（档案）记录规范系列标准（7个）、《WW/T 0024-2010 文物保护工程文件归档整理规范》。

[14]《文物保护空间：文物保护从业人员的文档管理》，司徒勇、王晨译，《美术馆》，2017

[15]《档案信息化理论与实践》，张照余，中国档案出版社，2007

第四章
摄影

文字记录保护修复过程存在一些弊端，比如不够清晰、直接等。这时只有辅以摄影，才能较全面地记录文物信息和修复过程。本章节主要说明文物保护摄影的拍摄要求。

拍摄照片时需要注意以下几个问题。1. 文物照片主要记录文物的颜色、尺寸、状态等。2. 利用不同光源进行多角度的拍摄，并使用软件对文物照片进行合理的处理，识别肉眼不易察觉的材料工艺和病害状况，这些隐藏的细节可为文物鉴定和现状分析提供依据。3. 记录修复环境、技术要点、材料信息等过程的照片，为保护修复过程留下事实痕迹，解决操作过程中难以言说的困境，给予研究者以直观的表达和明确的信息。

本章节要求在有摄影知识和技能的基础上，学会色卡的选择和制作，对照片有基本的认识；重点掌握文物照片摄影的技术以及拍摄类型的选择。

第一节　拍摄准备

为了获取信息量更丰富的文物照片，拍摄设备必须能够捕捉真实且准确的图像。在拍摄之前，理解色卡的重要性并准备适当的色卡是至关重要的，它可以有效地辅助拍摄过程。此外，对照片的预期用途和具体要求有清晰的认识，也是选择适当的拍摄设备和调整相关参数以获取理想照片的必要条件。

一、色卡的选择与制作

《石质文物保护修复方案编写规范》和《陶质彩绘文物保护修复方案编写规范》明确规定，方案应插入带有色标卡和标尺的照片。在大多数情况下，病害图的比例尺绘制基于照片中的标尺和实际测量数据。因此，色标卡和标尺在拍摄过程中是不可或缺的辅助工具。由于许多色标卡集成了标尺功能，下文将色标卡以及具有标尺功能的色卡统一称为"色卡"。

（一）色卡的类型

24色标准色卡能够真实还原任何照明条件和介质上的图像色彩，为摄影提供了可靠的参照，有效避免了不同环境光对色彩的影响，为后期处理提供了便利。这种色卡通常被各大博物馆用于文物摄影工作，确保图像色彩的准确性。

黑白灰三色卡则能迅速检查和调整拍摄时的照明状态，使白平衡调整更为精确。

它不仅能简化色彩测试工作，还能将可能出现的图像色差和重现误差降至最低，确保图像色彩的真实再现。

在文物摄影中，照片主要用于完善藏品信息、更新官网图片和出版图录等。因此，文物的颜色成为传达重要信息的关键之一，与之不同的是，田野考古摄影更侧重于明确拍摄对象的大小、位置和方位，因此照片所携带的主要信息是尺寸和方位，而色卡的重要性相对较低。

值得注意的是，古建筑和石窟寺等不可移动文物的保护修复工作，也常采用考古摄影的标尺，其目的与考古调查非常相似，主要关注尺寸和方位的准确记录，见图4-1。

（二）文保色卡的基本要素

对文物保护修复工作而言，文物照片档案的研究级别要求极高。它不仅需要达到文物摄影照片的质量标准，还需借鉴考古摄影的严谨尺寸和方位记录方式。除此之外，拍摄时间在整个保护修复过程中也是不可或缺的信息。

美国文物保护协会在文物保护摄影（下文称"文保摄影"）的色卡方面进行了深入研究，并设计出了一种富含多种信息的色卡，如图4-2所示。[1]这张色卡综合了色块和灰阶、刻度尺、光源显示针等多种元素，并设有专门的信息标签放置区。这些标签通常包含拍摄日期、档案号、修复状态说明、方位说明以及光源类型说明等关键信息。通过在拍摄画面中放置这张色卡，所得的文物照片可以汇集大量信息，这张照片本身即可独立作为一份科技档案，妥善保存在档案盒中。

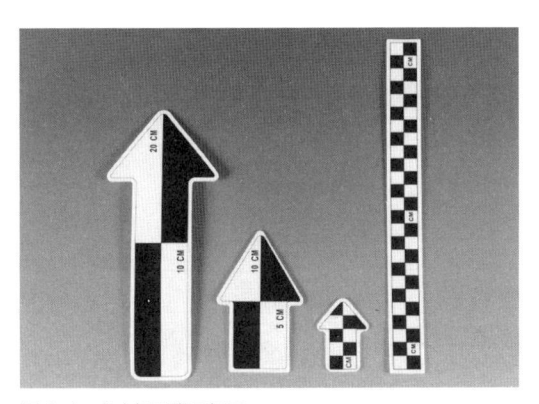

图4-1 考古摄影常用标尺

---

[1] The AIC Guide to Digital Photography and Conservation Documentation 一书对该色卡进行了详尽的介绍。由于不同国家和地区在色卡使用上存在差异，本文特别聚焦于美国文物保护协会所使用的色卡，旨在强调照片的档案价值与其所承载的信息量密切相关。美国文物保护协会在色卡设计上的思路，为我们提供了宝贵的参考和启示。

图 4-2 美国文物保护协会设置的文保摄影色卡

（三）文保色卡的制作

文保摄影的需求十分复杂和多样化，涉及的拍摄对象既有三维立体的静物，也有平面的静物。因此，色卡需要既能够竖直放置也能水平放置。由于色卡经常需要调整，这就要求它既要具备足够的硬度以保持形状，又要具备一定的灵活性以适应各种摆放方式。

在某些拍摄场景中，色卡需要紧挨着脆弱的文物实体摆放，这就要求色卡不能对文物造成任何伤害。此外，由于拍摄对象的尺寸差异较大，从巨大到微小不一而足，因此在修复前后，从业人员不仅需要拍摄全貌照片和局部照片，还需要在修复过程中随时捕捉局部细节。这就要求色卡必须能够适应不同的拍摄环境和需求，其尺寸也需要仔细考量。

为了应对这些挑战，美国文物保护协会在设计色卡时，除了包含基本的色卡要素外，还额外加入了硬卡纸、磁性纸和天鹅绒纸等材质，以增强色卡的多样性和功能性（见图 4-3）。同时，为了满足不同拍摄对象的大小需求，美国文物保护协会设计了三种尺寸的色卡，分别是大色卡（440mm×40mm×4mm）、中色卡（170mm×20mm×3mm）、小色卡（80mm×10mm×3mm）（见图 4-4）。在选择色卡时，一个重要的原则是色卡的长度不能超过文物的尺寸。此外，不同尺寸的色卡在布局色卡要素时也会有所不同。

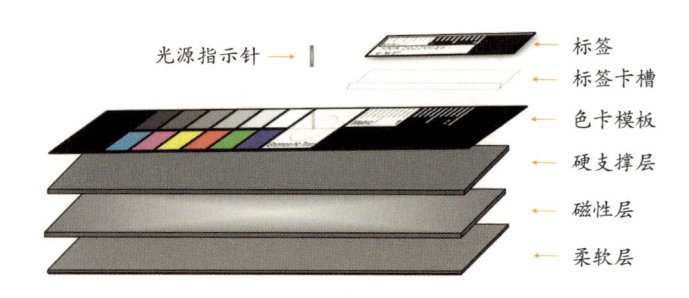

图 4-3 美国文物保护协会设计的色卡的制作层次图

图4-4　大、中、小色卡

在拍摄工作中，从业人员可以按照上述要求自行制作色卡。为了完成这一任务，从业人员需要准备以下材料和工具。

1. 打印色卡模板见图4-5。选择打印店的白色硬卡纸进行彩色打印，纸张大小为标准的A4尺寸。在打印过程中，无须对模板进行调整，以免尺寸发生变化。只要色卡能够避免阳光直射并得到妥善保存，其有效使用期限一般为三个月到半年。

2. 打印信息标签见图4-6。在编辑完数据信息后进行打印，可以直接在电脑中编辑文档并选择合适的字体大小，也可以选择打印空白标签后再根据需要手写填写。使用白色硬卡纸进行黑白打印，纸张大小同样为A4尺寸。大色卡有两个插入信息标签的位置，图4-6所示的大号标签为大色卡的主标签，应放置在大色卡模板的右侧，即图4-7中的1.1红框处。1.2红框处则可根据实际情况放置其他信息，如拍摄日期。

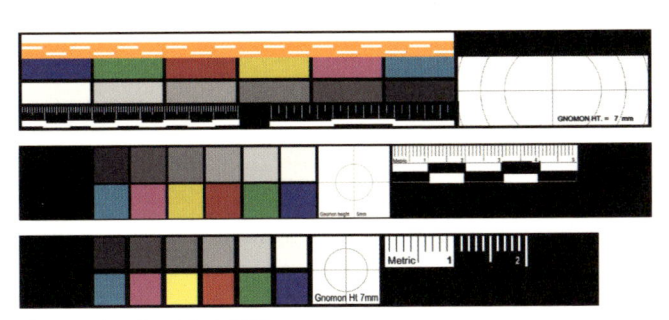

图4-5　大、中、小色卡模板

图4-6　大、中、小色卡信息标签示例

69

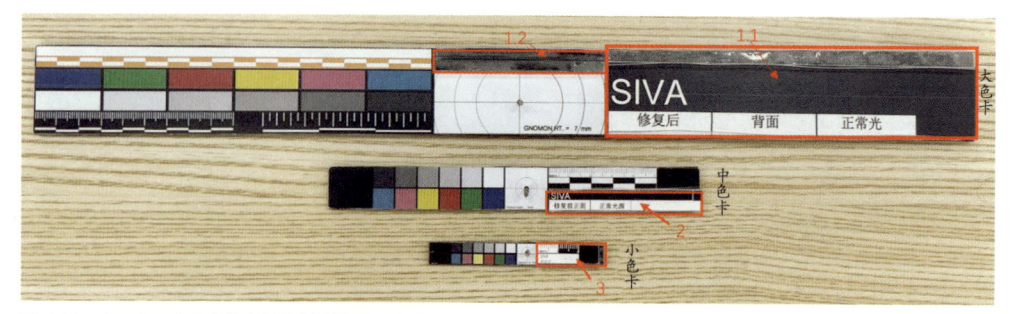

图 4-7　大、中、小色卡信息标签放置位置示意图

中号信息标签只有一个插入位置，即图 4-7 的 2 红框处。小号信息标签同样只有一个插入位置，即图 4-7 的 3 红框处。由于小号色卡尺寸较小，通常用于拍摄局部细节，因此不需要注明光源和方位信息。综上所述，光源、方位和日期等信息可以根据标签的大小选择是否填写。

3. 购买所需材料和手工工具。所需材料包括双面胶、天然绒触感纸（克重 120g）、软橡胶磁条（厚度 1.5mm）、厚硬卡纸（厚度 2.0mm）、聚酯薄膜（厚度 0.15mm）以及铜色圆头直钉（钉粗 1.2mm，帽直径 2.5mm，长 1.3mm）。所需工具则包括剪刀、美工刀、直尺、榔头、镊子等。在制作过程中，需要注意磁条、卡纸和薄膜的厚度以及直钉的直径大小，以确保色卡的制作质量和使用效果。

准备好所需的材料和工具后，即可按照以下步骤制作色卡。

1. 沿色卡模板边缘进行裁剪，并依据裁剪所得的模板尺寸裁剪其他各层材料。请注意，大色卡的长度是模板和标签的总长。手工制作可能导致色卡实体与预设的大、中、小色卡尺寸存在误差，这是正常现象。

2. 裁剪出大、中、小标签，并与色卡模板对比，以检查两类材料都打印正确。

3. 按步骤 1 的要求裁剪硬卡纸，并使用双面胶将模板粘贴于硬卡纸上。

4. 在模板正面的显示针位置使用榔头打孔，确保穿透至硬卡纸层。随后，将直钉从反面穿过孔并固定于硬卡纸上。此步骤需用力适当，确保操作安全。

5. 利用镊子按照大、中、小色卡的显示针高度裁剪直钉。也可先裁剪直钉，再按步骤 4 的方法固定。务必确保直钉固定稳固，不松动。

6. 按步骤 1 的要求裁剪软橡胶磁条，并使用双面胶将步骤 5 完成的作品粘贴于磁条上，以遮盖直钉钉帽。

7. 同样按步骤 1 的要求裁剪天然绒触感纸，并使用双面胶将步骤 6 完成的作品粘贴于其上。

8. 根据大、中、小色卡标签位置的尺寸裁剪聚酯薄膜，并将多余宽度部分折叠，以便固定标签。随后，使用双面胶将薄膜粘贴于对应标签位置。

9. 对制作完成的色卡进行调整，并检查其硬度、标签固定性以及薄膜是否遮挡标签导致反光影响文字清晰度。

10. 将制作好的色卡和备用标签妥善收藏于自封袋中，以避免温度、湿度、阳光及不当使用等因素对色卡造成损害，从而确保其使用寿命。

（四）自制色卡优缺点

从上述色卡的制作材料和步骤来看，自制色卡的过程并不复杂。然而，由于色卡模板通常采用普通打印机进行油墨打印，且纸张材质一般，因此其灰阶和色块难以达到如爱色丽 xrite 2 代色卡护照那样准确。这种色卡不受潮湿影响，使用寿命长久。标准色参数数据对拍摄和后期处理至关重要，没有它，照片画面的色彩质量难以检查，后期处理也难以校正，从而丧失了记录文物修复前中后颜色准确信息的功能。

因此，自制色卡的主要局限在于其色块灰阶的不标准性，这使得它在为拍摄和后期处理提供曝光和色彩方面的准确帮助方面存在局限。然而，自制色卡的信息标签可以根据需求填写，极大地丰富了照片的工作信息，对文物保护研究具有重要意义。如果能解决色块灰阶不标准的问题，自制色卡将能够在一个色卡中集合文物保护拍摄所需的道具属性，极大地方便了拍摄工作。

为了解决自制色卡的这一缺点，可以在制作过程中挑选高质量的色卡模板材料和打印方式，或在拍摄场景中附加专业的色卡来校准色彩。此外，自制色卡质量参差不齐，为了避免这种情况，也可以考虑与商家合作，将自制过程转化为标准化的生产线产品，从而确保色卡的质量和准确性。

二、照片的认识

文物照片是记录和识别文物实体在修复前、修复中、修复后现状的照片，具有极强的科学研究意义，在整个文物保护修复档案体系中有着重要的地位。文物照片的相关要求如下。

（一）照片的质量要求

国家文物局《文物保护工程设计文件编制深度要求（试行）》对现状照片的要求为真实、准确、清晰、依序编排，重点反映工程对象的整体风貌、时代特征、病害、损伤现象及程度等内容。然而，目前文物保护修复工作实践中的文物照片所传达的信息不够充分、精确，没有完全达到记录文物原真性的要求。

1. 高清晰度。照片是文物实体在某个时间点的状态记录，在使用过程中常因研究意图需要对某个局部放大查看，或因文物利用活动对照片进行各种画幅的打印。因此所拍摄的照片要有足够大的分辨率、足够清晰的画面。

2. 色彩准确。文物的颜色在修复前后可能有差异，为了如实记录这种差异，以便说明是修复技术造成的文物变化，而不是拍摄技术产生的色彩偏差，就需要尽量保证每一次摄影的画面色彩是准确的。如果拍摄中由于操作失误无法保证照片色彩准确，则应通过后期处理弥补拍摄的不足。

3.信息齐全。单张照片包含的信息越多，照片越能完整、真实、科学地记录文物现状。这就要求拍摄时，必须使用精心编排的色卡，还需要精心安排成像方式。

要获得上述质量要求的文物照片，就不能简单地使用手机进行随意拍摄，而应在摄影暗房中，使用专业相机进行摄影。同时，摄影者需要具备检验照片质量的能力。

（二）照片的内容要求

能真实、准确、清晰地反映对象的特征。

（三）照片的格式要求

根据《博物馆藏品二维影像技术规范》的规定，珍贵藏品应使用 TIFF 格式进行拍摄。而普通藏品则可以使用 JPEG 格式进行存储。因此，在拍摄时，建议选择将照片导出为 JPG 格式和 RAW 格式两种形式。常见的图像格式包括以下几种。

1.RAW：这是一种直接从相机传感器（CCD 或 CMOS）获取的原始图像信息格式。由于它未经过处理，因此被称为"数码底片"。RAW 格式文件通常较大，但其保留了最完整的图像信息，为后期处理提供了极大的灵活性。此外，RAW 文件还包含有关拍摄的详细信息，如日期、相机型号、ISO 设置、光圈和曝光时间等，这些信息在理解照片背景和后期处理、提取关键数据时非常有帮助。

2.JPEG（JPG）：这是一种经过压缩的有损图像格式，因此通常占用较小的空间。JPEG（JPG）格式广泛用于网页和图像预览，因为它对打开方式的要求不高。这种格式特别适合在拍摄后快速检查照片质量，也便于将其插入办公软件文档中。JPEG（JPG）文件也包含有关拍摄的元数据，如日期、分辨率和文件大小等。

3.TIFF：TIFF 格式由于其广泛的兼容性和通用性，为扫描仪和众多图像处理软件所支持，因此在学术论文投稿等正式场合中备受青睐。如果照片无须进行后期处理即可直接使用，TIFF 格式将是一个理想的选择。同样，在完成后期处理后，保存一份 TIFF 格式的文件也是一个好习惯，这样可以在未来轻松应对各种格式需求，避免转换格式的麻烦。

（四）照片的像素和分辨率要求

根据《博物馆藏品二维影像技术规范》，藏品照片每帧的像素应不少于 300 万，而光学分辨率至少需达到 300 dpi。因此，拍摄文物照片时，相关人员应使用像素至少为 600 万的相机。

像素描述的是照片的细节程度，即照片由多少个点构成。而分辨率则反映这些像素点的密集程度，通常以每英寸多少点（dpi）来表示。单位尺寸内的像素数量越多，分辨率越高，照片的质量就越清晰，能够输出的照片尺寸也就越大。

（五）照片的应用要求

不同的使用场景对照片除了像素和分辨率有特定要求外，还会对照片的大小有所限制。这里的"大小"分为两个方面。

1. 图像尺寸大小：指的是照片的实际物理尺寸，如长度、宽度和高度。

2. 占用空间大小：即照片文件所占用的内存大小，常见的单位有 B、KB、MB、GB、TB 等。

例如，某些网站要求上传的插图（包括照片）的尺寸大小为：宽 × 高 ≤ 10cm × 10cm 或 ≤ 21cm × 21cm，高度尺寸可以适当改变；图像大小不大于 10KB；图像分辨率大小：72dpi、300dpi。

另外，照片印刷也有特定的标准。例如，需要打印照片用来制作展览标签，一般要求分辨率为 300dpi，且裁剪和色调都需要恰当。而在文物保护修复文本资料中插入的照片，如 Word 文档中的插图，通常要求分辨率为 72dpi，色调要适宜，排版要合理，说明要准确。学术论文投稿时，通常要求彩版图片的精度在 300dpi 以上，以确保制版清晰。

思考题

1. 在拍摄文物的过程中，为什么需要引入色卡和标尺这两个工具？它们各自在拍摄过程中起到了什么样的作用？

第二节 摄影注意事项

摄影的知识与基本技能是获取文物保护修复照片资料不可或缺的基础。除此之外，针对文保摄影的特殊性，还需特别关注摄影过程中的一些重要事项。

拍摄文物照片时，首先关注的是内容，即确保照片中包含文物和色卡的信息，并妥善处理它们之间的组合关系。其次，明确拍摄是为了记录和识别文物的现状，所以文物、光源、照相机三者的位置关系以及光源类型的选择非常重要。最后，拍摄过程中避免使用对文物造成损坏的拍摄道具、材料和不当的搬运方式。

一、色卡与文物的组合关系

在文保摄影中，文物照片中的画面内容包含色卡和文物两部分，这两部分组合的平衡和美观以及清晰程度都影响着照片的质量。

在摄影暗房的有限空间里，受限于拍摄距离和拍摄器材，在拍摄立体文物时，如果要同时将文物和色卡全部拍摄清晰,就要考虑景深问题,这就要求色卡尽可能位于文物焦平面上,即两者的位置不能有明显的前后关系。

不管拍摄的是立体文物还是平面文物,所选择的色卡都不能喧宾夺主,即色卡不能比文物长。从美观和资料管理的角度出发,一般要求所拍摄的画面尽可能趋向于正方形,因此,可以使用色卡去调整整个拍摄画面。比如,文物本身是纵向长条形的造型,则色卡应该竖向放置在文物右侧,如图4-8。拍摄立体文物时,最常出现的错误是色卡随意放在一边,没有调整画面布局的功能,如图4-9。或者,将色卡平放在置物台,致使色卡的正面朝上,在相机拍摄文物的正视图时,无法拍摄到色卡全部信息,如图4-10。另一个常见的错误是拍摄时色卡是没有信息标签的,图4-9、图4-10都有此问题。

此外,可能还需要额外的支撑工具来辅助色卡的摆放。色卡的设计考虑了这些需求,两端留有空白区域,方便夹具夹持。常用的夹具为黑色柔性夹具。如果平面文物放置在磁性拍摄墙上,色卡自带的磁条可以直接吸附其上,无须额外夹具。

二、文物、光源、照相机三者的位置

与一般的静物摄影、文物摄影相同,文保摄影也需要基本的摄影基础,并能布置拍摄环境。摄影空间可以参考文物摄影空间的要求,应该包含工作区、缓冲区和摄影场地,其中摄影场地要满足各类型文物的空间需求,空间长、宽、高分别不少于5m、4m、3m。

在安排三者的位置时,要优先考虑文物尺寸大小和状况,立体文物依据尺寸大小可以放置于地面、摄影台、摄影桌上,台或桌的长宽高分别为1m~1.5m、1m~1.5m、0.3m~0.7m。平面类文物依据尺寸大小和支撑物情况可以放在可移动的拍摄支架、画架、倾斜板、拍摄墙面、摄影台上,台的长宽高一般分别为1m、1m、0.15m~0.3m。有关文物摆放可以参考第一次全国可移动文物普查工作中的藏品二维影像采集操作流程中对摄影室和摄影台的要求。

为了全方位记录和识别文物的现状,文物摆放需要灵活,可以360度布置光源,照相机也可以围绕着文物进行拍摄。因此,尽量选择灵活的文物放置道具,如尺寸较小的古籍书页放置于摄影台的桌架上,这样就能方便地将照相机、文物、光源依次布置在一条直线轴上,拍摄透射光照片。更多关于文物、光源、照相机位置的布置要求,下文具体拍摄类型中有详细说明。

在拍摄时,必须时刻记住文保摄影的主要功能是记录文物在整个保护过程中的外观变化。在选择拍摄画面时,要预期该画面的用途,考虑后续工作是否需要同样位置的对比照片。因此,拍摄时要特别注意记录是哪些文物、光源、照相机的位置和信息组合拍出了这张照片。这也凸显了色卡信息标签的重要性,因为它有助于帮助记忆拍摄现场的摄影细节。

图 4-8　色卡竖向放置

图 4-9　色卡错误摆放

图 4-10　色卡错误摆放

三、光源类型

不同类型的光源对记录、识别文物现状的能力是不同的，照片呈现效果也依赖光源的优劣。为了控制拍摄效果，需在暗房中使用确定的光源进行拍摄。因此，了解文保摄影中的光源类型至关重要。

一般发射可见光的灯具有白炽灯（钨灯）、荧光灯（日光灯）、卤素射灯、LED灯等。由于拍摄时间受灯光照射的影响，为保护文物安全，必须考虑灯具的热效应和紫外线比例。在有条件的情况下，不仅要选择颜色还原度最好的灯具，即关注其显色性和色温，还要求此灯具的热效应最低，紫外线比例最小。综合来说，LED灯、光纤等可见光灯具在文物保护拍摄中使用较多。

除了可见光之外，紫外线、红外线等不同波长的光谱也可以用来拍摄。用这些光谱拍摄可以探究肉眼不可见的病害情况，是文保摄影区别于一般摄影的关键所在。紫外线由紫外灯提供，普通照相机进行拍摄；红外线由白炽灯提供，红外相机进行拍摄。其他光谱拍摄则需要特定的灯具和拍摄装备，如X射线激发器和探伤仪。

因此，服务于文物保护修复研究目的的拍摄，依据光源类型的不同将拍摄类型分为可见光摄影、红外摄影、紫外摄影。其中红外摄影和紫外摄影属于多光谱摄影领域。

四、安全措施

虽然需要保证文物保护修复照片的质量，但拍摄过程依然是将文物安全放在绝对首位，任何情况下选用拍摄地点、拍摄器材和拍摄角度均须考虑到文物的绝对安全。尤其拍摄修复中的文物照片，更应注意影像采集过程是否对文物有潜在危害，如果条件有限，可用手机等设备就地采集图像。

（一）搬运建议

文物在整个拍摄过程中会经常被挪动。搬运过程中文物可能会发生意外从而引起新的损害。下面简单列举一些规避此类损害的建议以供参考。

第一，提前做好拍摄计划，包括拍摄目的和拍摄顺序。将拍摄内容罗列成表，按表开展工作，以便提高效率。计划中可包括具体拍摄要求，如使用哪些镜头，合适的焦距和拍摄距离，为拍摄某个视图或局部照片是否需要辅助支撑工具，色卡固定等问题。诸上问题如能在计划中考虑周全，并提前安排好空间、道具、人员、灯光等，实际拍摄时将会减少很多突发问题。

第二，确保摄影场地整洁有序。比如有足够活动的空间，拍摄动线中无遮挡物，电线被妥善安置，而不是任其处于频繁穿过的地板空间；摄影设备到位，尽可能减少设备数量的同时满足拍摄、查看和存储等需求。

第三，确保拍摄者全神贯注的状态。如果拍摄人员无法专注于拍摄，请立刻停止拍摄，这是导致文物发生搬运碰撞很重要的原因。除拍摄者外，其余参与者也要熟悉文物拿持手法，清楚拍摄操作技巧，熟悉所用的拍摄设备。

（二）灯光安全建议

光会引起材料光老化和热损坏，对有机类文物的影响尤其大，会使其发生光氧化从而褪色。光产生的热还会影响环境中的相对湿度。因此，在拍摄前，要综合考虑拍摄对象对光的敏感性，尽可能选择符合摄影照明需求的低伤害性的光源设备。另外，布景调试过程中不要长时间打开光源，只在拍摄需要时将其打开，减少光对文物造成的损伤。以下是一些建议。

拍摄对光比较敏感的纸质文物、油画、漆木器等时，保持物体表面的紫外线比例低于 $75\mu w/Lum$。选择低紫外线比例的 LED 灯作为摄影光源，或者可以在光源设备上加装紫外线过滤薄膜，从光源上消除紫外线。

红外摄影时需要白炽灯发射红外线，但白炽灯的热效应较大，可以查阅摄影灯说明书，查看合适的拍摄距离并选择合适的瓦数，避免高瓦数近距离拍摄对有机类文物造成短时热损坏。

做好摄影计划，熟悉摄影空间的布局和设备的使用，将可以有效减少光源的损伤。

思考题

1.LED 灯和白炽灯分别对文物有什么影响？

第三节　拍摄

根据拍摄对象和目的的不同，文保摄影可分为文物照片的拍摄和保护修复过程照片的拍摄。本节重点介绍文物照片拍摄的技术要求和规范。

在 2000 年至 2010 年的文物调查项目中，拍摄文物的主要目的是进行文物身份及特征的认证。对于立体文物，通常要求拍摄正视图、侧视图、俯视图和局部照片；而对于平面文物，则一般要求拍摄一张整体图和局部照片。到了 2012 年至 2016 年的第一次全国可移动文物普查工作时，拍摄文物藏品照片主要参考了《博物馆藏品二维影像技术规范》。在登录照片信息时，需要涵盖的文物照片类型包括正视图、侧视图、俯视图、底部图、背部图、整体图和局部图等。具体而言，对于立体文物，需要确保正视图、侧视图、俯视图、底部图、背部图和局部图齐全。由此可见，在文物调查项目的基础上，普查工作对文物照片的拍摄要求更加全面和细致，以便更好地登记和记录文物的样貌信息。

对文保摄影来说，文物照片是为了帮助传达文物现状信息的，它需要全面记录文物样貌，识别病害状况，展示材料物质及结构。为达到记录文物样貌的目的，文保摄影可以像文物摄影那样，参照《博物馆藏品二维影像技术规范》来完成正常光拍摄，该文件针对立体文物、平面文物都有基本的拍摄工作规范和技术规范。而其他目的则需要通过其他类型摄影来完成。

一、可见光摄影

可见光摄影是利用能够感应可见光的感应器和记录媒介进行成像的一种拍摄方式。可见光是指波长在 380nm 到 740nm 之间的电磁波。拍摄工具包括单反相机、微单相机、各式相机镜头（包括微距镜头）以及手机等。

依据照片画面取景大小，可见光摄影的拍摄类型分为宏观摄影、特写摄影、显微摄影。为全面记录文物的面貌、病害状况和修复变化，首先需要的就是能反映整体视角的宏观照片，从整体上捕捉文物的真实样貌。之后，对于宏观无法清晰呈现或表现不够明确的细节，需采用特写甚至显微摄影进行局部放大，以获取文物的重点区域图像。只有宏观全局与局部细节有机结合，才能科学系统地记录和识别文物现状。

（一）宏观摄影

依据光源角度的不同，宏观摄影可细分为正常光拍摄、擦射光拍摄、反射光拍摄、透射光拍摄、暗场和边缘照明拍摄。这与常规摄影对光线的运用类似。

1. 正常光拍摄

正常光拍摄就是将光线均匀打在文物上进行拍摄的手法。该拍摄类型多用于获取文物的全形图和各视图，是记录文物样貌最为基础的照片类型。由于这类照片可以从整体上记录修复过程中文物的变化，因此，在修复中和修复后的拍摄中，应选择与修复前一样的角度进行拍摄，以便对比分析。

本节将基于 The AIC Guide to Digital Photography and Conservation Documentation 和《博物馆藏品二维影像技术规范》，总结文保摄影经验，并详细介绍在正常光线条件下进行拍摄的具体要求和注意事项。

（1）背景要求：

应避免选择与文物颜色相近的背景、具有明显纹理的背景，如木纹书桌等，这些都会干扰文物的视觉效果。常用的背景色有纯色、渐变色。纯色背景一般使用黑、暗灰、冷白等色，渐变色一般使用从深灰到中灰渐变。如果拍摄时无法获得理想的背景，也可以通过后期图像处理软件来更换背景。

（2）布光要求见图 4-11：

选用大面积的柔光灯，通常采取蝴蝶形夹角布光法。平面文物的光源与文物的

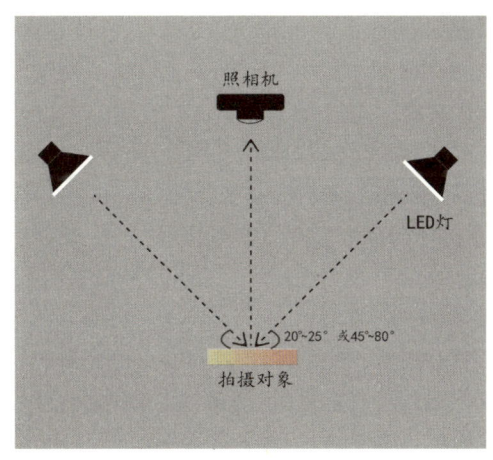

图 4-11 正常光布景示意图

夹角角度一般为 20°~25°，立体文物的夹角角度一般为 45°~80°，具体角度可根据文物表面材质与纹理的不同来灵活布置。文物边缘部位可使用点状光源进行局部补光。

（3）构图要求见图 4-12：

文物和色卡本身组成拍摄对象，拍摄对象尽量调整为正方形，且占据拍摄画面 80% 以上。对立体文物而言，构图时应该上比下的余地略大，左右余地相同。对平面文物而言，构图时拍摄对象尽量充满图片，上下左右留有相同尺寸的余地。

（4）色卡要求：

选择尺寸合适的色卡，并确保色卡水平垂直于文物。对于三维立体文物，色卡应处于焦平面上。色卡标签信息建议直接打印或手写，以便减少后期图像处理的工作量。

图 4-12 构图示意图

（5）立体文物的拍摄要求：

① 全形图，即最能体现作品器形、装饰特色和状况特征的照片。全形图一般作为文物主图，有文物认证之意，多用于印刷宣传、档案记录、文件申报等。拍摄要求：一般正视图占比50%~80%，并尽量包含侧视图、顶视图、底部图任意两个面。

② 六视图，即从立体文物的六个方位视角进行正面拍摄的照片。至少按要求拍摄六张，作为全面记录文物特征和现状的档案照片。拍摄要求：每张视图的照相机角度不得倾斜，必须是水平或垂直于文物，所得照片器形完整，无明显的俯仰变形。

（6）平面文物的拍摄要求：

① 正面图，即全形图，作为文物主图。拍摄要求：布光均匀，画面无明显亮度差别，照相机需垂直于文物进行拍摄，保证画面无畸变。如文物过长，无法完整地进入一个拍摄画面中，则需要叠拍，叠拍时重叠部分不得小于0.5cm。

② 反面图，如果文物有一定厚度，则还需要拍摄边沿图像。拍摄要求：同全形图。

文物修复前的现状照片是文物检查与研究的重要组成部分，要求在实施修复前进行宏观拍摄。造型比较完整的立体文物可以完成全形图和六视图的拍摄，但如果文物破损严重已无完整器形形态，则先按照预拼接的思维将能拼上的碎片靠近摆放，然后参照平面文物的构图要求依次平铺所有碎片，再参照平面文物的拍摄要求，拍摄正面、反面和侧面照片。此类照片只能部分记录文物现状，如果文物有缺失的情况，其缺失部位和面积等状况则需要拼接完后才能显示出来，因此可在修复过程中对其进行拍摄。

改变文物、光源、照相机的位置，可以识别更多文物修复前的状况信息，有检查与研究之意，是文保摄影有别于一般文物摄影的特色摄影，多拍摄于状况检查阶段。

拍摄的背景、构图、色卡要求与正常光拍摄相同，区别在于视立体和平面文物的需要，进行擦射光、反射光、透射光等布光要求。

2. 擦射光拍摄

擦射光拍摄就是将光源与文物拍摄面平行，使光线从文物表面擦射而过，对于平面类文物，如纸张文物、纺织品文物、油画艺术品等，适用性较强。拍摄时的布景示意图如图4–13。

拍摄所得照片可以呈现文物表面纹理的状态，油画内框印、褶皱、空鼓、变形等状况也传达得很清楚。将光源与文物形成小角度（小于10°）即可变成侧向光拍摄，所拍照片也有这个效果。正常光拍摄则较难识别到这些状况信息。

在进行擦射光拍摄时，注意擦射光光源要随拍摄目的和文物状况进行远近调整，选择保留最能反映问题的擦射光照片。

在拍摄文物时，除了注意使用擦射光外，还需要使用点光源来辅助拍摄。由于擦射光是从特定角度照射的，可能会导致整个画面中有些局部区域受光不足。如果在拍摄过程中发现拍摄对象的纹理细节在单一擦射光下无法清晰呈现，可以考虑局部增加点光源来补充光线。点光源的放置位置应根据具体拍摄对象和需求来确定，可以放置在上下左右等不同的方位，以辅助擦射光拍摄，从而更清晰地展现文物的细节和特征。

3. 反射光拍摄

反射光拍摄主要是指光线打到文物后，由文物反射回来的光线在相机感应器上所形成的照片，包括斜镜面反射光拍摄和轴向镜面反射光拍摄。

斜镜面反射光拍摄的布景示意图如图4-14，光源与相机分别位于文物的两侧，光源与文物之间的夹角以及相机与文物之间的夹角，都在25°~45°的范围内。

轴向镜面反射光拍摄的布景示意图如图4-15。轴向镜面反射光拍摄中，光源非常靠近相机，位于同一轴向上，并且与文物表面呈垂直关系。

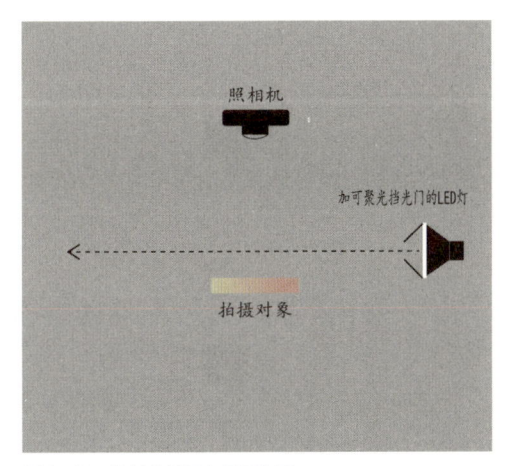

图4-13 擦射光拍摄布景示意图

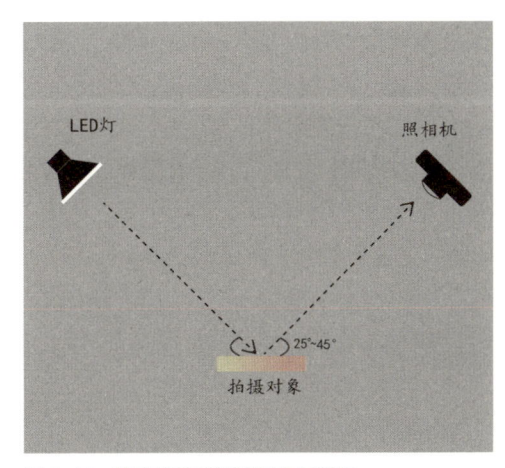

图4-14 斜镜面反射光拍摄布景示意图

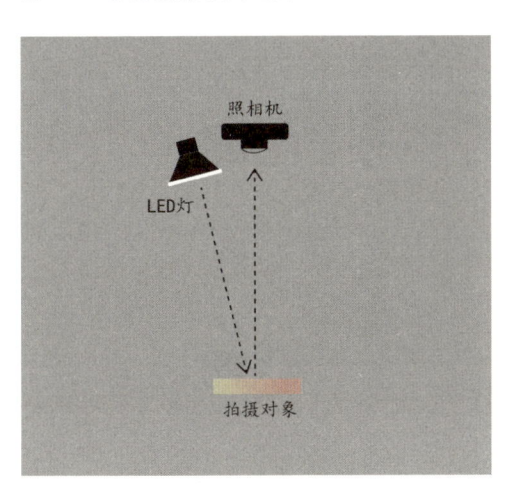

图4-15 轴向镜面反射光拍摄布景示意图

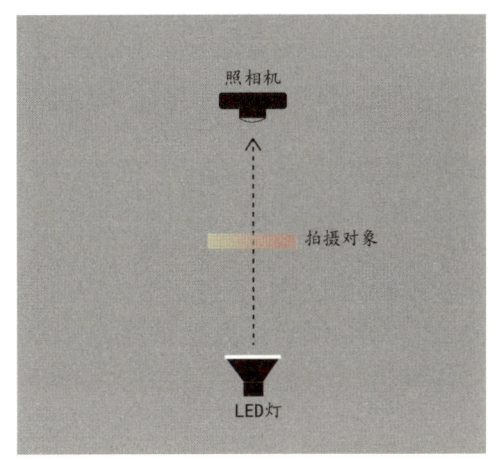

图4-16 透射光拍摄布景示意图

反射光拍摄手法可以检查油画表面涂层现状，因为这种拍摄方式可以让光油层在照片上呈现出比正常光拍摄更强的光泽。而当需要拍摄立体类文物如罐子、瓶子的内部信息时，就需要采用轴向镜面反射光拍摄，这样可以清晰地记录文物内部的状态，相当于为文物内部补光。

4. 透射光拍摄

透射光拍摄是指相机接收透过文物的光线，从而在感应器上形成照片。这就要求文物至少有一部分可透光线，从而在照片上留下光影的变化。透射光拍摄的布景相对简单，只需将文物置于光源和相机之间，如图4-16所示。对于平面类文物，可以使用支撑物使其保持平展。然而，像古旧书画和破损不堪的古籍纸张这样的文物，由于它们难以立起，就可以借助拷贝台进行拍摄。将文物放置在拷贝台上，利用拷贝台自带的灯光作为摄影光源，相机则架设在拷贝台的正上方。

大部分文物材料的透光性较差，通常只有当材料糟朽、结构疏松或出现裂缝时，光线才能透过材料的薄弱或缺失部分。这种拍摄手法特别适合记录文物的结构缺陷，特别是裂纹、缝隙等病害状况。它适用于多种文物类型，包括纸质文物、油画艺术品、纺织品文物等。当然，玻璃也是一个例外。由于玻璃具有透光性，透射光拍摄也被用于记录玻璃的装饰纹饰和造型，以揭示一些工艺问题。

（二）特写摄影、显微摄影

文物检查阶段常用近距离或微距拍摄手法来拍摄文物的文字符号信息，如签名、先前修复痕迹、工艺细节、病害状况细节。为了更好地比对文物因修复造成的外观变化，修复中、修复后也需要有针对性地对干预部分进行拍摄，注意比照修复前照片，合理选择拍摄部位。

在宏观摄影的布光条件下，仅缩小画面就可以拍摄局部照片。很多时候，在非专门的文物照片拍摄工作中，如其他检查工作、测试和分析工作、修复过程等，随时可能发现新的需要拍照记录的细节，此时又缺乏摄影暗房和照相机资源，加上工作技术和环境的复杂性，出于对文物安全和记录必要性的考虑，一般就直接在工作区域使用手机进行局部拍摄。如果需要放大细节，可为相机更换显微镜头，或者使用显微观察设备，如超景深三维显微镜、手持式显微镜拍摄。

拍摄局部照片时，拍摄画面需要尺寸合适的色卡，一般使用的是小色卡。

由于小色卡放置信息标签的位置很小，能容纳的文字有限，需要拍摄者按实际需要填写信息。由于是局部照片，难以从画面去判断文物处在哪个修复阶段，因此，色卡中一定要有修复状态的信息说明。色卡中要有档案编号或文物名称，这是画面中文物信息的依据。局部照片所用的光源一般是正常光，所以光源和方位可以不填写。局部照片要明确画面来自文物哪个部位，如果无法直接辨别，可通过添加文字说明、示意图等形式标记出来。

拍摄局部照片时，色卡常常是放置在文物上，与文物直接接触。面对损坏严重，尤其是比较脆弱的文物，如古书画、丝织品等，为避免拍摄时的人为损伤，放置色卡时要轻拿轻放，并检查色卡背面的绒布是否完好。

显微照片要注意色彩的准确性和放大倍数的呈现方式。使用相机和显微镜头拍摄时，可以使用迷你刻度尺；使用光学显微镜进行拍摄时，可以用软件自带的标尺，但光学显微镜可能会有画面色彩失真的现象。

二、红外摄影

红外摄影是利用能够捕获红外线信号的感应器进行成像的一种拍摄方式，主要分为红外 CCD 摄影、红外反射摄影以及可见光诱导的红外摄影。

红外线是一种电磁波，其波长范围介于 780 nm~100,000nm 之间。根据不同的波长，红外线通常被分为几个区域：近红外、短波红外、中波红外、长波红外和远红外。

近红外线的波长范围是 780nm~1100nm。这种波长的红外线可以被改装后的普通数字相机探测到，并生成红外 CCD 照片。而短波红外线的波长范围是 1100nm~3000nm。在这个范围内，InGaAs 传感器对 1100nm~2000nm 的短波红外具有较高的灵敏度，因此常被用于红外反射成像（IRR 成像）。此外，将可见光照片和红外 CCD 照片通过图像处理软件进行数码合成，可以得到红外假色图像（IRFC）。因此，红外摄影主要关注波长范围在 780nm 至 2000nm 之间的红外线。

以油画为例，可见光摄影虽然可以记录颜料层表面和光油层的颜色、光泽、状态等，但无法识别颜料表层之下的信息，而相较于可见光，红外线的穿透力更强，因此常被用来识别和探究肉眼不可见的隐藏信息。红外线波长越长，其穿透深度越深。

（一）红外 CCD 摄影

近红外线可以穿过油画光油层，并能部分到达颜料层深处，但没能穿透颜料层。许多材料，如墨、颜料、染料等对红外线的反应与对可见光的反应是不同的。因此，对其进行红外 CCD 摄影可以得到跟可见光摄影不一样的照片，这些区别之处可以分辨材料细节问题，不仅能将不同材料区分开来，还有利于探究材料使用的工艺问题，如图 4-17，在红外 CCD 照片中能看到可见光照片中察觉不到的绘画技法信息。[2]

在进行红外摄影时，其拍摄要求与可见光拍摄相似，同样可以进行宏观拍摄、特写拍摄或显微拍摄。然而，由于红外线的特性，需要特别注意光源和相机设备的选择和调整，以确保获得准确的红外图像。

2　更多的红外摄影案例可以参见网站 http://www.webexhibits.org/pigments/intro/ir.html。

图 4-17　上为可见光照片，下为红外 CCD 照片作品：卡洛斯·莫瑞（Carlos Murray）[3]

---

[3]　图片由上海视觉艺术学院油画修复工作室提供。

正如图 4-18 所示，红外 CCD 摄影使用白炽灯作为光源，因为白炽灯能同时发射可见光和红外线。摄影灯以 25°~35° 的对称角度摆放在主体两侧，确保文物整个表面无眩光且照明均匀，这是为了避免阴影、反射或其他不均匀照明被误解为材料的红外吸收率。由于白炽灯还发射可见光，因此在拍摄时，需要给红外相机外加一个能过滤可见光的滤片（即红外透镜），以确保只有红外线能到达相机的感应器并成像。

获得的红外 CCD 照片如果呈现偏洋红色的色调，是因为拍摄设备是感应器为 CMOS 的改装相机，其输出照片以 RGB 模式呈现。为了获得单色的红外照片，需要使用图像后期处理软件将其转换成灰色图像。此外，红外 CCD 摄影获得的照片很多时候不能直接反映有效信息，但通过与可见光照片合成红外假色图像，可以获得意想不到的效果。为了实现这一点，在拍摄时，需要在相同布景下拍摄同一画面的两张照片：一张是可见光照片，另一张是加上可见光滤片后的红外 CCD 照片。两张照片必须齐全才能进行后续的合成处理。

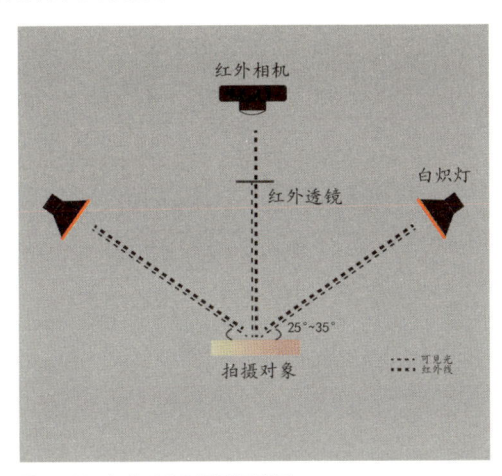

图 4-18　红外 CCD 摄影示意图

（二）红外反射摄影

红外反射摄影是一种特殊的技术，它利用波长为 1100nm~2000nm 的短波红外线穿透油画光油层和颜料层，直达底稿层。由于这种摄影方式能够获取底稿层的信息，许多色料在红外线下会变得透明，因此，在油画保护修复领域，红外反射摄影被广泛应用，主要用于显露底稿、检查是否有被遮盖的签名，以及检测是否有信息被改动过。

除了油画，红外反射摄影还适用于出土竹木漆器的拍摄。由于竹木漆器上的纹饰或墨书可能因污染物或铁离子的影响而无法识别，红外反射摄影能够帮助我们获得简牍上的文字信息。

此外，红外拍摄对于解决书画古籍的字迹脱落或模糊问题也非常有效。与红外CCD摄影相比，红外反射摄影在显示这些细节方面更为出色。

一个经典的使用案例是研究者在使用红外反射摄影时找到了Spolvero技法（针孔转印法）的证据。这种技法是先用针依着草图上的线条刺出数千个细洞，然后将炭粉洒在草图上，使炭粉渗进底稿，留下点状的轮廓线。由于红外线能轻易穿透大多数的写印材料，当遇到底稿的炭黑线时，炭黑会将其吸收；而当遇到画底层的白色颜料（硫酸钙）时，红外线会被反射。因此，在红外反射的照片中，白色区域（画底）上的黑色区域（线稿）得以清晰显示。

进行红外反射摄影时，布景与红外CCD摄影相似，推荐使用卤素灯作为灯具，并使用砷化镓相机进行拍摄。拍摄示意图如图4-19，最终获得的红外反射照片是灰色图像。

（三）可见光诱导的红外摄影

可见光诱导的红外摄影是一种特殊摄影技术，其示意图与红外CCD摄影相似。主要区别在于，照射到文物上的光源必须是经过过滤的可见光，确保没有红外线成分。这样，当可见光照射到文物上时，文物会在激发下释放出红外线，这些红外线随后被投射到相机的感应器上。拍摄示意图如图4-20。

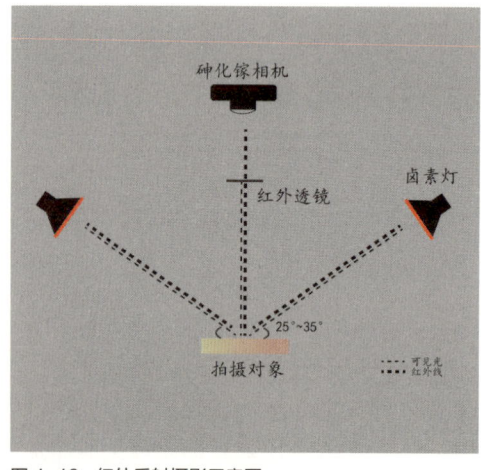

图4-19　红外反射摄影示意图 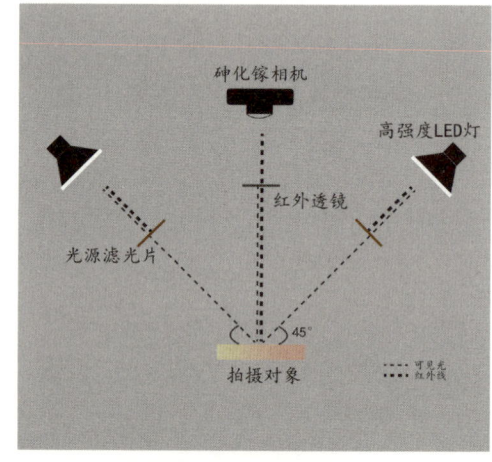　　　　　图4-20　可见光诱导的红外摄影示意图

三、紫外摄影

紫外摄影是一种利用紫外线作为照明光源的拍摄方法，它分为紫外荧光摄影和紫外反射摄影两种类型。紫外线是一种波长范围为10nm~400nm的电磁波，根据波长的不同，通常被分为近紫外线（UVA，波长范围为320nm~400nm）、中波紫外线（UVB，波长范围为280nm~320nm）、短波紫外线（UVC，波长范围为

185nm~280nm）和真空紫外线（UVD，波长范围为 10nm~185nm）。在这些波段中，近紫外线（UVA）在文物保护修复拍摄领域最为常用。

（一）紫外荧光摄影

紫外线能量被材料暂时吸收后，会转变成低能量的可见荧光被放射出来，这种现象产生的荧光称为紫外诱导荧光（也称紫外荧光、可见荧光）。数码相机感应器能够感应这种紫外荧光并成像，这种拍摄方式称为紫外荧光拍摄。

许多材料都能在紫外线下发出荧光，荧光的颜色和强度取决于材料本身属性和老化程度。因此，我们可以使用紫外线去识别和区分各种材料。紫外荧光摄影在文物保护修复领域应用广泛，主要体现在以下几个方面。

1. 紫外线可以揭示材料退化后不再被可见光显示的细节，这些退化材料在紫外线下依然能发出荧光而被检测到。比如，在调查壁画颜料和技法时，就可以使用紫外线来分辨因退化严重而肉眼不可见的有机颜料。

2. 紫外线还可以识别文物表面新旧材料的差异。比如，老化的天然树脂光油和干性油在紫外线照射下会发出荧光从而被相机感应并成像，没老化的光油或油画颜料就不会发荧光，在紫外荧光照片中显示为深色斑块，如图 4-21。紫外荧光摄影还

图 4-21 左为可见光照片，右为紫外荧光照片作品：卡洛斯·莫瑞[4]

4　图片由上海视觉艺术学院油画修复工作室提供。

可以用来判断油画光油层的清洗效果，从而指导修复实践。

3. 紫外线是识别文物修复情况的有效手段。修复师使用丰富的材料和高超的技巧来补全器物残缺部位，使其与原作难以区分，但在紫外荧光照片中，后期补缺的区域会明显可见。这为文物现状的确认、文物修复的质量评估和技术考究提供了有力的图像证据。

在进行紫外摄影时，与红外摄影类似，可以根据研究需求进行宏观拍摄或特写拍摄，这与可见光拍摄的方式相似。但需要注意的是，由于紫外线的特性，光源和相机设备的选择和调整至关重要，以确保获得准确的紫外图像。

正如图4-22所示，紫外荧光拍摄时，光源从可见光的LED灯换成了紫外灯，它能够发射近紫外线。摄影灯依然是以25°~35°的对称角度摆放在主体两侧，确保文物整个表面无眩光且照明均匀。由于紫外灯还会发射少量深蓝色可见光和近红外线，拍摄的相机最好外加一个滤光片，这个滤光片能够同时过滤掉少量的深蓝色光和紫外线。因为拍摄的目标是感应材料发出的可见荧光，而不是紫外线本身，所以必须过滤掉紫外线。与此同时，也要防止紫外灯发射的光源直射相机镜头。另外，还需要在相机上额外安装一个能够过滤近红外线的滤光片。这样，最终的成像（即RGB图像）完全是由数码相机感应可见荧光所得到的。当然，如果没有这些滤光片，使用一般的单反相机也能拍摄紫外荧光照片，但可能会因为较多的电磁波干扰而损失一些信息。如果这种信息损失不影响结果的读取，那么这样操作也是可以的。拍摄时的示意图如图4-22右边所示。

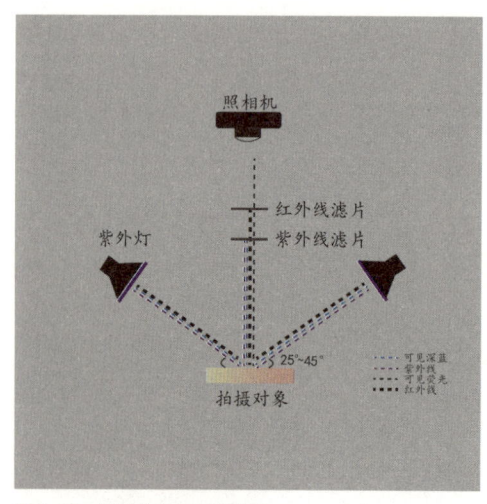

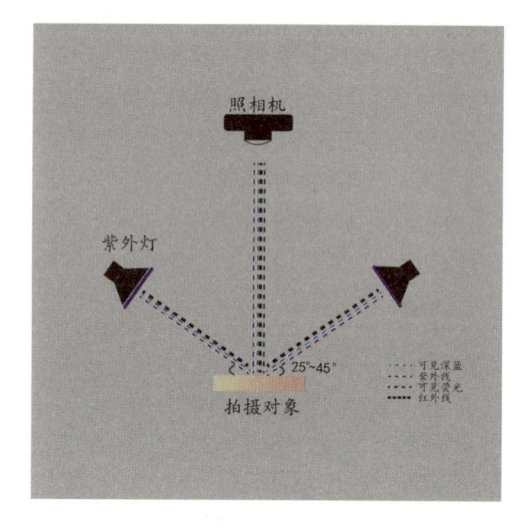

图4-22 紫外荧光摄影示意图

拍摄紫外荧光照片时，还要注意以下几点。

1. 由于紫外灯提供的光量较弱，为拍摄到清晰图像，需要长时间曝光。为避免其他可见光干扰，拍摄房间必须保持全暗，仅由紫外灯提供光源。

2. 必须使用无荧光背景材料，以减少背景干扰。

3. 为增加紫外线的辐射度，光线应尽量直射物件表面。可以适时调整光源与文物的夹角和距离，确保光源尽可能靠近文物。

4. 在拍摄前，应将相机 ISO 设定在 400 以下，并在房间照明条件下进行聚焦。推荐使用自动对焦，并在聚焦完成后保持相机参数不变。随后，关闭房间灯光，打开紫外灯进行拍摄。这样做不仅保护了文物和摄影者，还能避免实时紫外视图导致的感应器过热问题。

（二）紫外反射摄影

紫外反射摄影是一种记录材料对紫外线吸收和反射特性的摄影方式，可用于识别和区分各种材料，与紫外荧光摄影相似，它也能识别后期补加的材料。

在文物保护摄影中，紫外反射摄影的使用频率相对较低。紫外反射摄影对硬件有一定的要求，需要使用滤光器和经过改装的专门识别紫外线的相机进行拍摄。从应用场合来看，紫外反射摄影更多地属于材料研究领域。尽管如此，在前期文物现状调查中，尤其是针对绘画类文物，建议拍摄紫外反射照片。这是因为许多颜料对近紫外线的反射特征具有差异性。例如，低吸收的铅白在紫外反射图像下会呈现白色，而强吸收的锌白和钛白则会呈现黑色。这样，紫外反射照片可以帮助人们区分出由不同成分组成的白色颜料，即使在可见光图像中它们都显示为白色。如表 4-1 所示，这种区分对于文物保护和研究具有重要意义。

表 4-1：不同材料对紫外线的反射特点[5]

强吸收	中等吸收	低吸收
锌白、钛白、炭黑	镉红	铅白、群青、普蓝

紫外反射照片是通过相机感应器捕捉材料反射回来的紫外线而生成的。在拍摄过程中，需要过滤掉材料在紫外线照射下发射出来的可见荧光、近红外线，以及反射回来的可见深蓝光和近红外线。因此，可以选择一个既能过滤可见光又能过滤近红外线的滤片，或者分别选择过滤可见光和过滤近红外线的滤片。这样，得到的紫外反射照片将是灰色图像。其灯光布局与紫外荧光摄影相似，只需更换相应的滤片和相机即可，如图 4-23 所示。

最后，通过后期处理，将紫外反射拍摄的照片与可见光图像合成，可以获得紫外假色图像（UVFC），这种图像能够反映更多的信息。有时，红外假色图像难以区

---

5 The AIC Guide to Digital Photography and Conservation Documentation 一书详细阐述了其他材料对紫外线的反应。

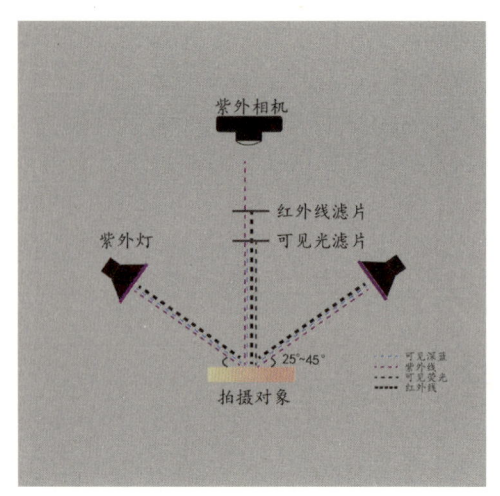

图 4-23　紫外反射摄影示意图

分的不同写印材料，在紫外假色图像上却能够清晰区分。为了获得紫外假色图像，同样需要在同一角度下拍摄可见光图像和紫外反射图像，其后期处理的步骤与红外假色图像相似。

四、保护修复过程照片的拍摄

保护修复过程照片是记录修复技术实践的一类照片，包括记录修复人员实施的修复技术细节、所用材料和设备以及所处的操作环境等信息的技术照片。

技术照片是反映事件的，要求具备真实性和纪实性，因此，此类照片主要强调画面内容的完整性和指向性。技术照片是重要的事实记录档案，它能够还原修复的全过程，避免文物修复缺乏过程依据，还可以用于修复成果展览、技术宣传等，让人们了解该文物的保护修复史和相关技术的发展史。

拍摄要求：其一，注意表现信息的准确性，比如技术照片不能有明显遮挡，材料设备照片要将物品重要的文字拍摄清晰。其二，注意信息的客观和真实性，不能为了某些目的对拍摄对象进行特意美化。因为修复操作动作的持续性，可能不允许即时抓拍，此时可以允许为还原真实的修复而进行一定的摆拍，但不能总是刻意地摆出完美的姿势。

思考题

1.请你谈谈文物摄影、藏品二维信息拍摄、文保摄影三者的异同。

第四节 照片资料的收集与整理

为了缩减文本资料所占的存储空间并方便管理，插入电子文本中的照片通常会被压缩，但这样可能会导致照片失真。同时，尽管文本资料中加入了大量照片，为了方便检索和利用，仍需要单独进行收集和整理。

一、照片资料的收集范围

文物保护修复照片按照片内容进行分类可分为 4 大类型。

（一）修复前/中/后大照片：全形图（正面图）、背面图、六视图等；

（二）检查类照片：擦射光照片、反射光照片、透射光照片、红外 CCD 照片、紫外荧光照片、红外假色图像等；

（三）文物局部照片及显微照片：信息照片、工艺细节照片、病害状况细节照片；

（四）保护修复过程照片：技术细节照片、与保护修复相关的材料工具环境相关照片。

以上这些照片都在收集范围内。照片分为数码照片和常规照片。数码照片即电子照片，常规照片即相纸照片。

二、数码照片资料的整理

应根据《数码照片归档与管理规范》《电子文件归档与电子档案管理规范》《文物藏品档案规范》《文物保护工程文件归档整理规范》等文件要求，对数码照片资料进行选择、分类、建文件夹、改名等整理工作，使其系统化，易于查找。

（一）数码照片

整理数码照片时，同时保留 JPG 格式照片[6]和原始的 RAW 格式照片。在反映同一内容的若干数码照片中，选择最具代表性和典型性的一张进行归档。所选择的照片需清晰完整，能够充分反映该内容。

1. 分类

参见收集范围分类标准，将同一文物所有保护修复照片分为 4 大类别。

2. 建文件夹

作为文物保护修复档案的一部分，所有数码照片都应存储到该文物的档案文件夹中。可在文物保护修复档案文件夹中新建"照片档案"二级文件夹，在"照片档案"文件夹中按照片类型建立三级文件夹。如此，采用层级文件夹的形式来整理照片，

---

6 如果一张照片质量达不到要求，则保存的是经过一定后期处理的 JPG 格式图片。

具体说明如下。

（1）一级文件夹：一般以档案名称命名，表示该文件夹下的电子文件都是该文物的电子保护修复档案。

（2）二级文件夹：一般直接命名为"照片档案"，表示该文件夹下都是该文物的数码照片。

（3）三级文件夹：一般以照片类型命名，如"修复前大照片"，表示该文件夹下都是该文物修复前的宏观照片。

（4）格式文件夹：一般以照片格式类型命名，即将照片按照格式分为多个文件夹，例如RAW、JPG、TIFF等。

综上，层级文件夹命名示例为：档案名称\照片档案\修复前大照片\JPG\单张照片。

3.命名

数码照片在整理过程中，应对其文件名进行重命名，这可以帮助相关人员依据新的文件名快速检索和识读照片内容。[7]命名方案可以参考可移动文物普查的照片命名方式，以藏品编号+照片类型+照片顺序号进行命名。还应注意以下几点。

（1）照片命名中的文物信息规范准确，如文物的编号或名称等。

（2）如果照片较多，可以在名称中使用编号代替文字，以便于组内照片排列。[8]但是这需要自行设计一套完整的命名规范，并提供文字文档对各字母代号对应的照片类型进行详细说明，方便他人索引和参考。明确的编名规则及说明文件，可使命名更有条理，提高档案价值。

例如，照片类型为两位阿拉伯数字，同一照片类型从"11"开始顺序编号。如11：修复前大照片；12：修复中大照片；13：修复后大照片；21：擦射光照片；22：反射光照片等。照片顺序号为4位阿拉伯数字，同一照片组内的数码照片从"0001"开始顺序编号，也可以采用特定字母来代表不同照片的属性，这类似于普查工作中的编名规则。如A：正视图；B：俯视图；C：左侧视图；D：右侧视图；E：背视图；F：底视图；G：全形图；H：背面图。单张照片命名示例1：S0001-21-0001，表示这张照片是藏品编号为S0001的文物第一张擦射光照片。示例2：S0001-11-A，表示这张照片是藏品编号为S0001的文物在修复前的正视图照片。

（二）文字说明

为照片制作一份文字说明文档，文档内容是记录照片画面不能呈现的信息和必要说明，包括文物名称、档案编号、照片类型、拍摄地点、方位或部位、光源等，

---

[7] 文物保护行业相关标准没有给出命名的要求，《DA/T 50-2014 数码照片归档与管理规范》的命名要求不能直接检索和反映照片内容，而普查工作的命名方式也不够齐全，但可以作为一个思路进行参考。

[8] 如果同组照片很多，以某种方式进行排列，将会使整理工作显得更为清晰。包含编号的命名法会让检索和统计变得方便。

以便读者能读懂照片的内涵。这体现了色卡信息齐全和照片命名准确的重要性，如若色卡和命名已将文字说明的内容涵盖在内，则可以不用像《数码照片归档与管理规范》要求的那样再另外制作文字说明，即在规范的文保摄影工作中，数码照片的文字说明可以省略。这也提醒从业者在从事文保摄影工作时，需要提前规划好色卡和命名的内容，将所有必要的文字信息提前整合融入其中，而不是事后再重复制作文字说明。这样不仅可以避免重复劳动，也可以使图像信息更加统一和完整。

三、常规照片资料的整理

常规照片资料的整理应遵循一定的质量要求。照片应使用专用相纸扩印，规格不小于 6 英寸（15.24cm×11.43cm）。

归档整理应遵循《照片档案管理规范》和《文物藏品档案规范》中的相关规定。照片应装入透明文件袋中，每个文件袋内应附有照片说明标签见表 4-2，以便对照片进行必要的说明。装袋时，照片与标签应背向放置，并避免使用胶黏剂以免对照片造成损伤。所有的照片袋可以组成一个照片册，然后放入装具中。装具内应包含文件目录、照片册、备考表，三者应按次序排放。装具应放入文物保护修复档案盒中。

装具上应粘贴包含档案名称、照片档案、存入日期和载体类别（照片册材质）的说明标签。需要特别注意的是，一个常见的严重错误是直接将照片放入装具或档案盒中，而没有对照片进行妥善的定位和文字说明。这样做会导致研究者无法快速获取照片的相关信息，严重影响研究工作的进行。

表 4-2：常规照片归档时的照片说明标签

题名	填写说明：依据照片内容、照片类型确定的名称 命名公式：文物名称 + 照片类型 + 细分类型 示　　例：×××盆修复前全形图		
数码照片编号	填写说明：数码照片的文件命名		
摄影者	/	拍摄日期	/
文字说明	填写说明：该张照片内容的简要说明，包括拍摄地点、拍摄部位、拍摄角度，其他照片不能反映的拍摄细节		

思考题

1. 常规照片的保存要求有哪些？

第五节　其他影像技术

影像技术能够直观地记录和识别文物修复前后的真实状况及修复过程中的变化，它不仅帮助人们获取文物的认证照片，还服务于文物现状的调查和比较因治疗带来的外观结构变化。除了普通照相机可见光摄影外，光谱成像技术、X射线照相技术以及三维扫描技术等，都能以图像的形式呈现文物信息。只要是能以影像的方式对文物样貌进行呈现的技术，无论是宏观还是微观，无论是外部还是内部，无论是拍颜色还是拍造型，都将其统称为影像技术。每种技术都有其独特的优势和应用场景，从业人员在开展工作时应根据实际需要选择合适的影像技术。

一、光谱成像技术

光谱成像技术通过在不同波段光源下拍摄的方式，获取图像和光谱反射信息。相较于传统的可见光摄影，光谱成像技术能够更真实地反映文物本身材料的颜色，避免"同色异谱"的情况。光谱成像技术一般分为高光谱技术和多光谱技术，前者在窄波段中连续拍摄，后者则是离散的、不连续的拍摄。

虽然前文已对多光谱摄影中的红外和紫外摄影的应用领域和拍摄要求进行了介绍，使读者对它们在文物保护修复工作中的价值有了初步认识，但这些摄影技术的拍摄系统在实际应用中仍显得相对简单。例如，常见的拍摄设备是单反相机，有时可能会附加滤片，但滤片的波段选择并不固定。此外，这些系统往往不强调特定波长的紫外或红外线源的使用，更不强调对光谱反射率的精确控制。这些因素限制了多通道光谱成像技术在文物保护领域中的进一步应用。

若需以高区分率辨别文件是否被添改字迹，则需使用具备特定波段功能的多光谱成像仪。对于更高级的无损分析，如展现不同写印材料的灰度效果和荧光反应以辨识物质种类，则需尝试使用多个波段进行拍摄。然而，仅仅依赖简易的拍摄系统，可能无法满足这些高需求，所得到的照片或许无法完全满足拍摄者的期望。但这并不意味着多光谱摄影的方向是错误的，而是说明当前的多光谱摄影技术需要更为精确和专业的设备支持，以实现更精确的定量分析。

对于现当代艺术画作、古书画、壁画等蕴含丰富色彩信息的对象，若要实现精确的颜色高保真数字典藏、颜色配色和虚拟修复等目标，避免"同色异谱"现象和色料的选择错误，则必须依赖于多光谱技术的光谱吸收和反射率系数的确定。更进一步，利用高光谱技术为每个像元提供数十到数百个波段的光谱信息，从而构成一条完整且连续的光谱曲线，这是实现材料属性定量分析的关键。

上述应用需求实际上对文物对象的颜色记录提出了更高的要求。光谱成像技术不仅能获取图像信息，还能提供光谱反射数据。后者是数据定量分析的关键应用，也是影像记录更深层次的需求。因此，通过多光谱摄影得到的照片，可能包含人眼和传统可见光摄影难以察觉的详细信息。但要全面解读这些信息，则需要依赖于光谱摄影设备的进一步升级、数据解读系统的完善以及数据理论模型和光谱数据库的构建。

二、三维扫描技术

在文物保护修复工作中，文物的变化不仅局限于颜色，造型的变化同样重要，特别是对立体文物而言。因此，仅记录颜色和简单的二维信息是远远不够的，还必须全面记录文物的三维信息。

虽然可见光摄影可以通过拍摄多个视野的照片（通常需要数十张照片）并经过计算来构建文物的三维模型，但三维扫描技术在这方面具有更高的精度和效率。这种技术能够全方位连续扫描文物，自动化地获取更为精准的三维坐标信息和反射信息。

对比文物修复前后的三维数据，可以为修复效果提供客观依据。此外，这些三维数据还为文物的后续利用提供了精确的数据支持，如文物复制、形变检测、病害调查、艺术化制作以及虚拟修复等。这些应用避免了人眼和照片可能带来的判断误差，提高了工作的准确性和效率。

三、X射线照相技术

开展文物现状调查，需了解文物的病害状况分布、损伤程度，以及制作工艺如花纹、成型技术等。因为可见光、紫外线和红外线的穿透能力有限，仅凭它们，人们无法得到文物内部的一些重要信息，所以，有时需要借助X射线照相技术。通过文物的X射线照片，从而判断物体内部结构，进而判断文物的一些特定信息，如结构缺陷、重要铭文、补配工艺等，为文物的保护修复工作提供科学依据。

目前该技术可针对诸如金属、陶瓷、玉器、竹木漆器、油画等不同材质的文物进行检测，应用范围非常广。

思考题

1. 高光谱技术与多光谱技术之间有何不同？

拓展阅读

[1]《文物摄影数码技术入门》，张媛，文物出版社，2011

[2]《博物馆藏品二维影像技术规范》，国家文物局，规范性文件，2001

[3]*The AIC Guide to Digital Photography and Conservation*

Documentation FREY F, HELLER D, KUSHEL D, et al American Institute for Conservation of Historic and Artistic Works, 2011

[4]《WW/T 0020-2008 文物藏品档案规范》

[5]《WW/T 0024-2010 文物保护工程文件归档整理规范》

[6]《GB/T 11821—2002 照片档案管理规范》

[7]《DA/T 50-2014 数码照片归档与管理规范》

[8]《DA/T 54-2014 照片类电子档案元数据方案》

[9]《GB/T 18894—2016 电子文件归档与电子档案管理规范》

[10]《GB/T 11822—2008 科学技术档案案卷构成的一般要求》

[11]《多光谱成像技术分析彩色艺术品的相关基础研究》，王雪培、赵虹霞、李青会等，《光学学报》，2015

[12]《传世艺术画作的多光谱图像数字典藏技术》，李遂贤、廖宁放、孙雨南等，《计算机应用与软件》，2007

[13]《多光谱成像技术辅助书画配色与修复》，邵琢瑕、杜学维、潘从元等，《半导体光电》，2017

[14]《基于多光谱技术的中国古画虚拟修复研究》，闫丽霞，天津大学，2012

[15]《高光谱成像技术在故宫书画文物保护中的应用》，史宁昌、李广华、雷勇等，《文物保护与考古科学》，2017

[16]《射线探伤无损检测方法在文物考古现场应用最新进展》，周华、杨淼、高峰等，《敦煌研究》，2013

第五章
绘图

在文物保护行业中，手绘绘图曾占据主导地位。但随着计算机技术的普及，手绘绘图逐渐被软件绘图取代，软件绘图成为当前绘图的主要方式。因此，对从业人员而言，掌握基础的软件绘图技能已成为不可或缺的基本素质。

本章节将重点介绍如何利用软件绘图法来绘制病害图纸。在绘制具体文物的病害图时，应参考相应文物类型的"病害与图示"行业标准，以确保符号语言的一致性和准确性。

由于绘图软件市场更新换代迅速，且各种软件都有其特定的应用局限，本章仅介绍一款行业内常用的绘图软件及其基础的绘制步骤，旨在让学习者能够快速掌握绘图技能，满足日常工作中基本的绘图需求。

第一节　绘图方法

档案记录工作有时需要用绘图来详细说明情况。了解常用绘图软件在不同场景下的应用，并初步掌握 AI 软件的基本使用方法，将有助于显著提高档案记录工作的水平和效率。

一、绘图软件

使用简单的线条和符号，就能绘制出病害图。对于这样的绘图需求，矢量图像创作类软件是一个理想的选择。矢量绘图软件所生成的矢量文件，其中的图形元素被称为对象。每个对象都是一个独立的实体，具备颜色、形状、轮廓、大小和屏幕位置等属性，因此，矢量软件提供了丰富的绘图可能性。

在文物保护工作中，常用的矢量图像创作软件包括 Auto Computer Aided Design（简称 CAD）和 Adobe Illustrator（简称 AI）。

CAD 软件由美国 Autodesk 公司于 1982 年开发，主要用于二维绘图、详细绘制、设计文档和基本三维设计。在文物保护工程领域，CAD 软件得到了广泛应用。

AI 软件为美国 Adobe 公司研发，是一款服务于设计行业，应用于出版、多媒体等行业的矢量插画软件。由于与 Photoshop（简称 PS）同出一源，AI 与 PS 在软件结构、菜单设置、快捷键操作等方面具有很高的相似性。因此，对熟悉 PS 的学习者来说，学习 AI 将变得非常简单。这款软件在考古绘图、文物病害图绘制、文物纹饰、裁剪样式、文物结构层次关系、修复技术操作等各种示意图的绘制工作中都有广泛应用。

近年来，国家文物局主办、中国文化遗产研究院承办的多个修复技术培训班，例如"2015年度海洋出水金属文物保护修复技术培训班"和"2018年出水文物保护修复技术培训班"，都将病害图绘制作为重要的培训内容。在这些培训班教授病害图绘制的过程中，AI是最常用的工具。除了AI、CAD、PS、CorelDRAW等软件也可用于病害图的绘制工作。[1]

病害图的绘制要求极高，需要在照片上进行精确标识，因此选用的照片必须保证质量上乘，尤其是不能出现畸变。一旦照片存在畸变，那么在绘制前还需借助其他软件对图片进行矫正。正因为这一需求，PS常被用作图像处理和病害图绘制的工具。PS专注于对位图图像的编辑、加工以及应用各种特殊效果，其优势在于图像处理。从图纸绘制来说，AI更适宜。因此，下文将重点介绍AI的使用方法。

使用软件绘制病害图通常以照片作为描摹对象，并且在病害检查工作之后进行。然而，在实践中，单纯依赖绘图软件可能会遗漏一些病害细节，出于各种原因，修复师可能无法返回检查工作中再次确认这些细节，这样就降低了病害图的作用。为了解决这个问题，学习者首先需要深刻理解病害图绘制的意义。此外，他们还可以采用手绘绘图作为软件绘图的辅助手段。在进行病害检查时，学习者可以通过手绘方式快速描绘病害范围并做好标记，或者直接在照片上手绘做标记。这样，在后期使用软件进行病害图绘制时，可以以手绘图作为参考，从而提高病害图的准确性。

二、AI 的使用

不同版本的AI在使用上确实存在细微差别，并且可能会遇到文件不兼容的问题，例如高版本的文件往往无法在低版本软件中打开。因此，在学习过程中，学习者应重点理解软件的操作逻辑，而不是机械地遵循具体的步骤。当遇到具体问题时，学习者可以通过网络搜索寻找解决办法。本章节的讲解将以2015版本为例。

（一）熟悉工作区

与PS类似，要想熟练使用AI进行绘图，首要任务是了解软件的基本工作区，以便掌握软件的设计和工作逻辑，如图5-1。

菜单栏：提供了创建和保存文件、管理界面显示窗口等核心功能，用户可以通过它调用多种实用工具。

画板：这是软件绘图的"画布"，如同绘画所需的纸张，所有绘图操作都在此进行。

状态栏：用户可以通过它调节画板的大小，选择不同画板，左右移动画板，并

---

[1] 通过许多培训班新闻和博物馆网站公开的信息，人们可以一窥绘图软件在文物保护修复领域的应用情况。例如广西民族博物馆网站（http://nzem.amgx.org/news-7482.html）就提供了相关案例和资讯。

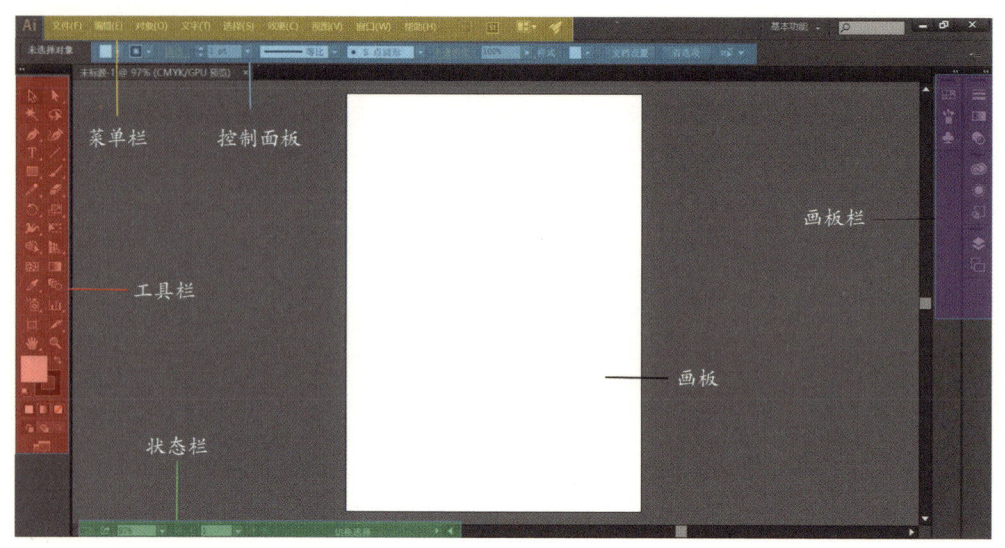

图5-1 2015版本的AI界面

实时了解鼠标的当前状态。

工具栏：这里集合了绘图所需的各种工具，就像绘画中的画笔、颜料等，满足用户的不同创作需求。

控制面板：用户可以在这里对画板中的对象进行个性化调整，例如修改线条的颜色、粗细、透明度等。

画板栏：对于喜欢分层绘图或在多块画板上工作的用户，这里提供了灵活的管理和操作选项，满足对颜色、画笔等的个性化需求。

在正式开始绘图之前，建议学习者深入探索各工作区的功能和作用。这款强大的绘图软件支持多种用途，而本教材主要利用它绘制病害图，所使用的功能相对基础，便于学习者快速上手。

（二）熟悉绘图工具

绘图时，掌握绘图工具至关重要，特别是在绘图过程中，快捷键的灵活运用能够极大提升绘图效率，如图5-2。

在本章节的绘图应用中，学习者需要掌握的工具并不多。其中，"钢笔工具"是最为核心的工具，它能够绘制出各种线条和符号。由于绘制的矢量图形是有颜色的，因此还需了解"填色"和"描边"两个工具的使用方法。此外，"文字工具"用于添加必要的文字说明，而"选择工具"和"直接选择工具"则帮助用户精准地操作对象。掌握这些基本工具后，便可以进行基础的绘图操作了。

接下来，重点介绍"钢笔工具"的使用技巧。

1.当光标悬停在端部锚点时，持续按住鼠标左键，会出现尖角。这时，可以调

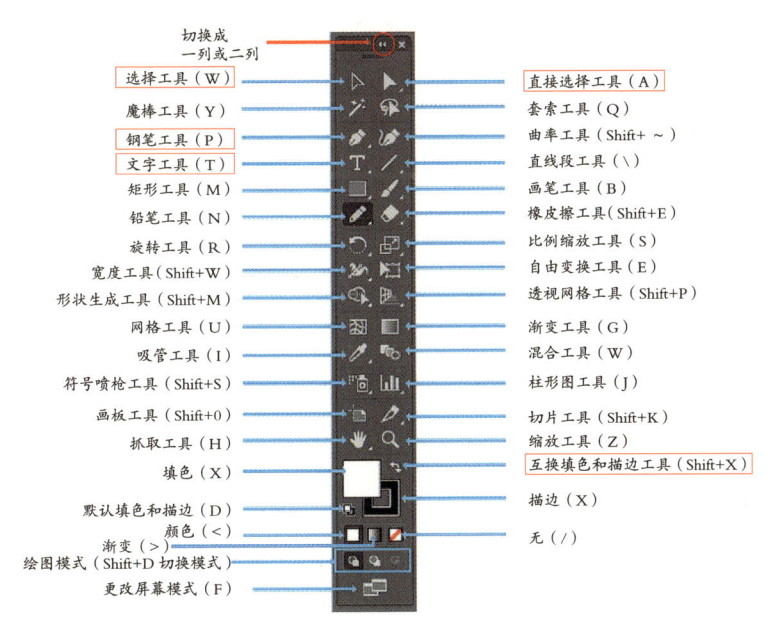

图 5-2 工具栏的工具说明

整锚杆的长度和角度,从而调整路径曲线的形状,以绘制出更加圆滑且贴合描摹对象的线条。

2. 在已绘制的路径上,将光标置于中部锚点时,会出现减号,这时可以通过鼠标左键点击来删除一个锚点。而当光标放置在路径的任意位置时,会出现加号,表示可以在此处通过鼠标左键点击来增加一个锚点。通过增加或减少锚点,可以更精确地绘制出所需的线条形状。

3. 当光标移动到起笔的锚点时,如果光标呈现句号状态,表示可以创建封闭曲线。此时,只需按下鼠标左键,即可绘制出封闭的曲线形状。

在绘图过程中,有时可能需要删除不满意的线条和图形。为此,可以使用以下操作。

删除:使用"直接选择工具"选中锚点,然后按 Delete 键即可删除锚点。

恢复:使用快捷键 Ctrl+Z 进行撤销操作。

为提高绘图效率,学习者需要熟练掌握一些常用的工具快捷键。

选择工具:V+Shift 为加选功能,可以同时选择多个对象;直接选择工具:A;钢笔工具:P;文字工具:T;矩形工具:M;抓取工具(可移动画版):H。此外,还有一些常用的操作快捷键,如画板缩放:Alt+ 鼠标滑轮,按住 Z+"+""-"可以放大或缩小某个部位;图片缩放:Shift 等比例缩放,Shift+Alt 从中心等比例缩放;复制:选中对象,按住 Alt 键,鼠标左键拖曳。

思考题

1.AI 比 PS 更适合用来绘制病害图的原因有哪些？

第二节　病害图纸的绘制

在必要时，需要制作病害图对文物病害状况进行说明。本节将介绍病害图纸的意义、绘制要求以及一般的绘图步骤，以便从业人员能够快速上手使用 AI 软件绘制病害图。同时，本节还将介绍如何建立素材库以提高绘制效率。

一、病害图纸的意义与应用

病害图纸是根据病害状况识别与检测的数据，经过区分不同类型的病害状况后，按照相关规定使用标准图示符号绘制而成的。它的主要功能是记录病害状况在文物上的分布位置，是反映文物整体形貌、重要局部特征及病害状况的记录方式。病害图纸是文物病害状况可视化的关键技术，对保护修复工作的信息化管理、建立保护修复档案等方面都具有重要意义。

一张理想的病害图纸不仅能够记录病害状况的分布位置，还能统计病害状况的数量、面积和长度。当病害图纸与病害状况识别照片、相关检测分析数据相结合时，可以对病害状况的性质进行判定，进而进行综合评估，形成状况调查表。因此，在文物病害评估技术规程类相关标准中，绘制病害图是必不可少的，这也是编制文物保护修复方案的关键环节。

目前，涉及文物病害图的现行国家标准和行业标准共有八项，具体列于表 4-1。

表 5-1：涉及绘制文物病害图的国家标准和行业标准

序号	标准名称	标准编号	主要起草单位	发布时间
1	古代壁画病害与图示	GB/T 30237-2013	敦煌研究院	2013 年
2	馆藏青铜质和铁质文物病害与图示	GB/T 30686-2014	中国国家博物馆	2014 年
3	馆藏砖石文物病害与图示	GB/T 30688-2014	陕西省文物保护研究院	2014 年

表 5-1：涉及绘制文物病害图的国家标准和行业标准（续）

序号	标准名称	标准编号	主要起草单位	发布时间
4	馆藏出土竹木漆器类文物病害分类与图示	WW/T 0003-2007	荆州文物保护中心	2008年
5	馆藏丝织品病害与图示	WW/T 0013-2008	中国丝绸博物馆	2009年
6	陶质彩绘文物病害与图示	WW/T 0021-2010	秦始皇兵马俑博物馆	2010年
7	馆藏纸质文物病害分类与图示	WW/T 0026-2010	南京博物院	2010年
8	古代建筑彩画病害与图示	WW/T 0030-2010	西安文物保护修复中心（现名为陕西省文物保护研究院）	2010年

二、病害图纸的认识与绘制要求

通过仔细阅读表 5-1 中所列举的文件，可以总结出一张文物病害图纸所必需的基本元素：各视图病害图、比例尺、图例、绘图信息。此外，根据实际需求，还可以添加注解和单位标志。

病害图是在选定的照片基础上，通过线条、符号和颜色进行描摹加工而成的图像，它构成了整个画面的核心内容。因此，在绘制文物病害图时，选用照片所展示的文物不能出现畸变，以确保通过描摹加工后的病害图能够真实地反映文物的病害状况。

比例尺用于表示图中单位长度所对应的实际距离，实质上是一种"比"，即图上距离与实际距离的比值。这种比值可以通过数字式、线段式或文字式来表达。在文物病害图的绘制中，最常见的比例尺表达方式是线段式和数字式。例如青铜质和铁质文物病害图示范例就同时使用了这两种方式。由于文物的尺寸各不相同，为了让人能够准确理解图像的大小和体量，必须使用比例尺。比例尺不仅可以表示实物是放大的，也可以表示是缩小的。当这个比值小于 1 时，就意味着实物被缩小了。

与日常所见的地图或建筑工程设计图纸不同，这些图纸通常需要通过单位换算来添加比例尺。然而，对于小型文物，如大部分馆藏文物，由于在拍摄时就已经使用了实际的尺子作为尺寸的记录，因此比例尺与病害图一样，都是根据照片进行描摹的。这就要求照片中的比例尺必须保持笔直，不能出现弯曲或变形，否则绘制出的比例尺将不准确，失去其指示意义。为了确保比例尺的准确性，建议在测量阶段就记录下实际的尺寸，并在绘图时进行必要的校正。

因此，在选择用于病害图描摹的照片时，必须考虑两个方面：一是照片是否展示了文物的主要病害状况类型和特征；二是照片的质量是否达标。只有同时满足这两个条件的照片，才能作为病害图描摹的原稿。

图例在病害图中扮演着至关重要的角色，它是对图中各种符号、颜色、文字等所代表的内容和指示的详细解释。图例通常被放置在画面的一个角落，能够有效地帮助读者理解和解读这张图。为了确保图例的准确性和有效性，它必须与病害图中的各类符号保持完全一致。图例的具体规定通常由各类文物的国家标准或行业标准来确定。如果遇到没有具体标准的文物类型，可以参考与其相近的文物标准来添加图例。

绘图信息是对病害图纸制作过程的详细记录，它不仅是整个工作环节不可或缺的证据，而且反映了绘图单位的专业性和规范性。因此，绘图信息应包含绘图单位、绘图人、绘图时间以及文物名称等基本要素。鉴于绘制的对象可能是文物的局部或特定视图，还需明确标注病害图所属的具体部位或视图类型。此外，考虑到这张图纸是为满足特定工作或项目需求而绘制的，还需注明所属项目的名称。在项目管理中，图纸的编号信息也至关重要，它有助于对多张图纸进行有序管理和快速检索。为了进一步提高档案管理效率并确保图纸管理的准确性和规范性，还可以根据实际需要个性化添加其他绘图信息。

绘图的过程通常遵循一定的顺序：首先完成主体内容，其次逐步完善次要内容，最后根据要求和图像美观进行页面布局。具体来说，绘图步骤可以分为以下四个部分。

绘制轮廓：首先绘制出文物本身的大致轮廓，这构成了一个基础的轮廓图。

添加病害图示符号：在轮廓图的基础上，使用符号、文字、颜色等标记来记录文物的病害类型。这些病害图示符号是记录文物病害状况的关键元素。完成上述步骤后，便得到了一个初步的病害图，它清晰地展示了文物的病害情况。

添加必要元素：将比例尺、图例、绘图信息等必要元素添加到病害图中，从而得到一张完整、规范的病害图纸。

表5-1中的相关标准详细规定了绘制病害图时的具体要求，包括图示符号的尺寸（如单个符号的大小和间隔）、符号的颜色以及线条的长度和宽度等。因此，在绘图过程中，必须明确并遵循这些绘制要求，以确保制作出的病害图纸专业、标准、科学。这样，病害图纸才能为后续的病害评估、修复方案的制定、修复实施以及项目管理等工作提供有力的依据。

接下来，将重点阐述病害图的绘制要求。

（一）轮廓图绘制要求

轮廓图应能准确反映文物的整体轮廓。对于器物类文物，尤其需要强调其立体感。在绘制时，线条需保持平滑流畅，线条粗细统一为1pt（点），颜色为黑色。除非为了凸显文物的特定轮廓特征，一般不需要绘制花纹。

（二）病害图示符号绘制要求

在绘制病害图示符号时，务必遵循文物保护行业的国家标准和行业标准（详见表5-1）所展示的符号示例。请确保使用合适的图形和线段来准确标注文物的病害状况情况。在绘制过程中，请牢记以下要求。

一般大小的病害符号，每平方厘米内应不少于4个符号，或单个符号大小为4mm^2，彼此间隔1mm。较小的病害符号，每平方厘米内应不少于10个符号。

线段式病害符号，每厘米内应不少于2个符号，或单根线段长2mm，且线段需随病害状况走向进行分布。

病害图示符号的尺寸可以根据需要按比例适当扩大或缩小，具体符号要求请参见相应的标准。

在绘图时，请确保关注图纸的整体美观和协调性。病害图示符号的线条粗细应小于轮廓线，一般为0.75pt，为区分不同病害种类，线条粗细可适当放宽到0.25pt。

在必要时，可以使用颜色来区分各类型病害，但通常情况下，病害图使用黑色图形和白色衬底。

（三）病害图绘制要求

1. 轮廓图和病害符号的绘制必须满足既定要求。

2. 在安排被描摹的照片和病害图的位置时，需考虑文物的色彩丰富性和结构复杂性。若仅靠黑白病害图难以全面展示病害状况研究结果，则应将病害图与描摹的照片同时呈现在图纸上。可通过降低照片透明度，将病害图叠加其上，或者将两者并列摆放，以更清晰地展示文物病害状况。

3. 多视图病害图纸有助于快速比对并全面了解文物整体的病害现状。当多张多视图病图需放在同一张图纸上时，务必确保它们的比例大小保持一致。为实现这一目标，绘制轮廓图时，需将图片等比例缩小到白色画板上，并根据比例尺控制所有照片尺寸相同。在此基础上绘制病害符号，轮廓图和病害符号的比例必须一致。完成绘制后，将它们全体选中，使用鼠标右键选择"编组"，使其成为一体，便于后续的复制粘贴操作。

4. 图纸中的病害图应配备图号和图题，以便于识别和管理。图题通常以方位或病害种类命名，如"正视图"或"侵蚀病害图"。图号和图题一般放置在图的正下方，以便查阅和引用。

（四）病害图纸绘制要求

为确保病害图纸的专业性、准确性和美观性，以下是关于图纸中各元素的绘制要求（图5-3）。

1. 病害图：病害图应按照美观的原则进行排列。一张图纸可以仅包含一个病害图，

1. 铜盒全形图

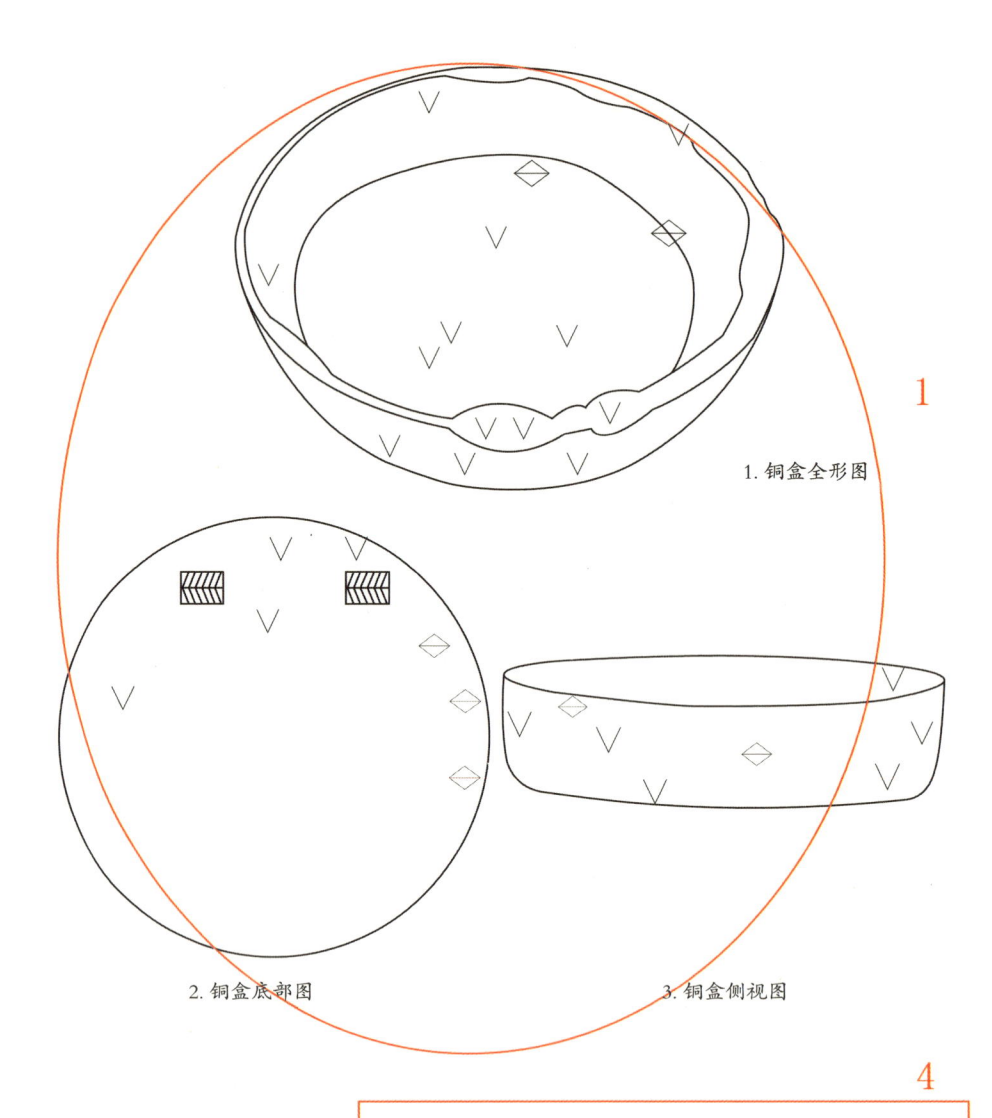

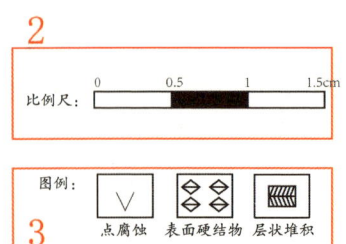

2. 铜盒底部图   3. 铜盒侧视图

比例尺： 0 0.5 1 1.5cm

图例： ∨ 点腐蚀   ◇ 表面硬结物   ▨ 层状堆积

项目名称	教学示例		
器物名称	铜盒		
绘图人	潘坤容	器物编号	无原始编号
绘图时间	2023年12月28日	图纸名称	铜盒病害图纸
制作单位	上海视觉艺术学院		

图5-3 图纸示例

也可以包含多个，视实际需要而定。

2. 比例尺：比例尺应放置在图纸的左下角或右下角。选择合适的比例尺表达方式，并根据病害图与画面的大小确定线段比例尺的长度，如 1cm、5cm、10cm 等。"比例尺"三字大小应为 12pt，其他文字大小为 9pt，具体尺寸可根据需要适当调整。

3. 图例：图例放置在比例尺下方。只有当病害图上出现相应的病害时，才需要将对应的图例放入图纸中。"图例"两字大小应为 12pt。

4. 绘图信息：绘图信息置于右下角。如果信息较少，可以直接以文字描述的形式呈现；若信息较多，建议使用表格形式。必须填写的信息包括绘图人、绘图时间、制作单位、文物名称和图纸名称。在修复项目中若存在多张图纸的情况，还需补充图纸编号。图纸命名应为：文物名称 + 病害图。若使用表格形式，则表格内文字大小均为 9pt；若使用文字直描方式，则文字大小为 12pt。具体尺寸可根据需要适当调整。

三、使用 AI 绘制病害图纸的步骤

（一）一般绘图流程

1. 启动软件：双击软件图标，启动 AI 绘图软件，进入软件操作界面，如图 5-4。

图 5-4

2. 新建文件：在界面左上角点击"文件"菜单，选择"新建"选项。在弹出的对话框中，仅需修改"名称"字段，然后点击"确定"按钮。之后，软件将展示一个白色的画板界面，供绘图操作，如图 5-5。

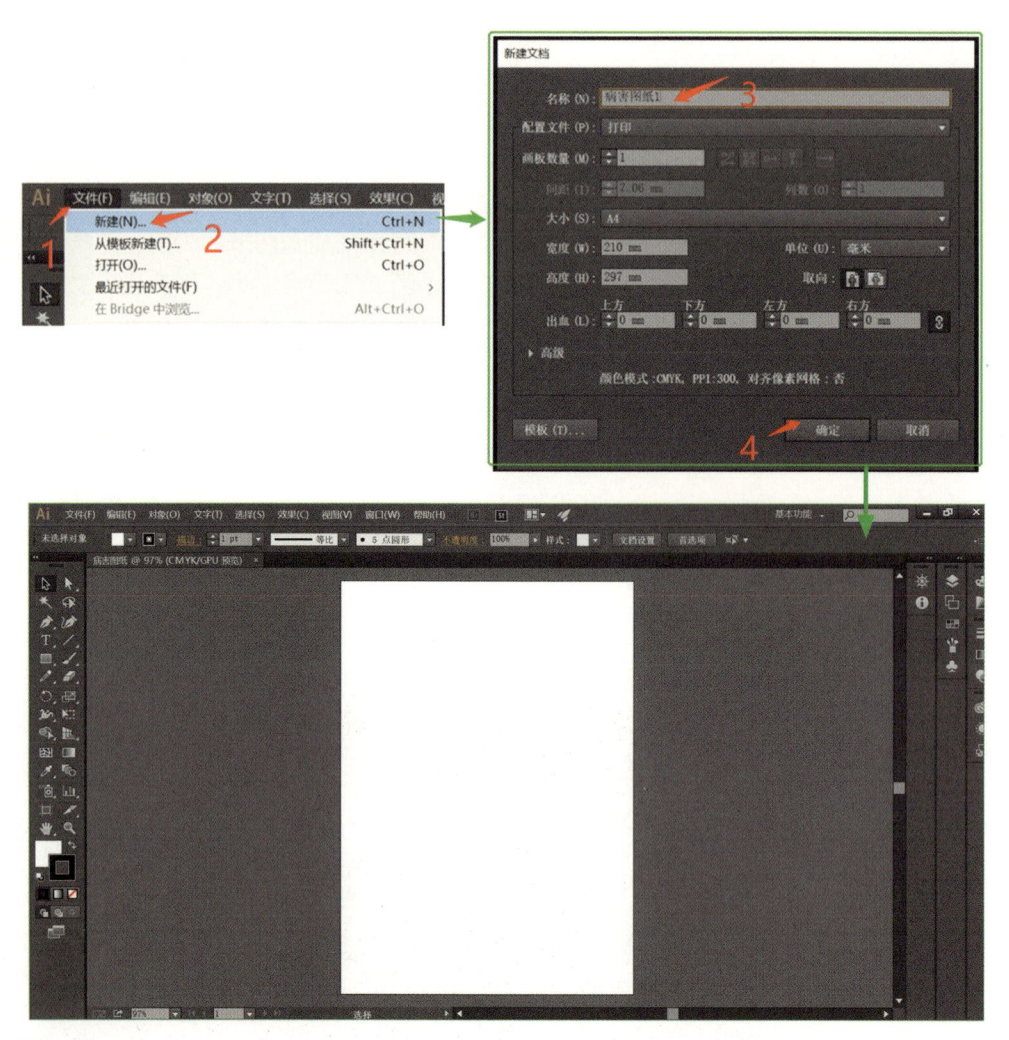

图 5-5

3. 保存 AI 文件：点击菜单栏中的"文件"，选择"存储为"，然后浏览到希望保存该文件的文件夹。点击"保存"后，在弹出的窗口中无须更改任何参数，直接点击"确定"即可完成 AI 格式文件的保存，如图 5-6。

图 5-6

4. 添加照片：使用鼠标左键选中照片，并将其拖动至画板中。当照片进入画板范围后，松开鼠标左键，照片将成功导入 AI 绘图界面，如图 5-7。

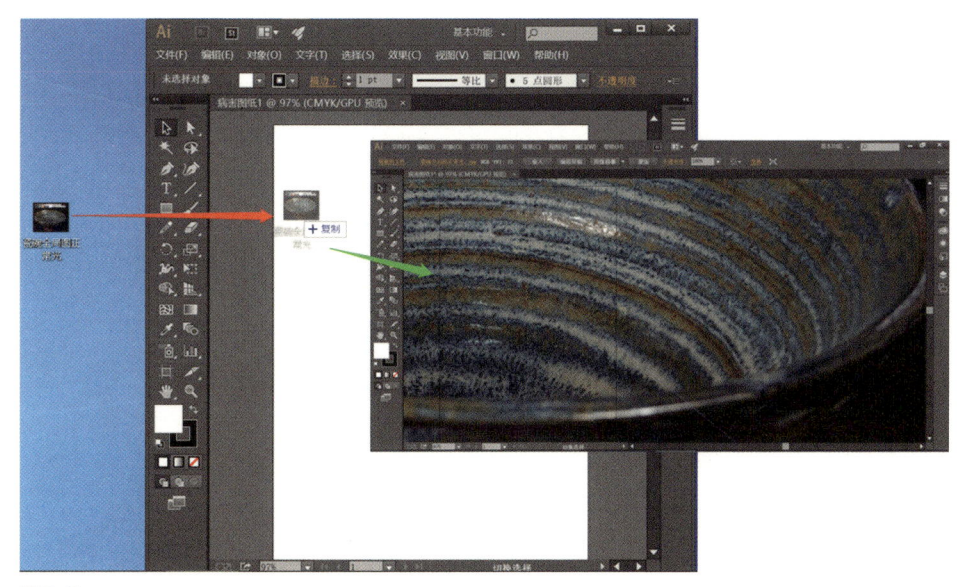

图 5-7

5. 调整照片：仅在画板上进行绘图操作，因此需要确保照片的尺寸与画板大小相匹配。这可能需要对照片进行放大或缩小操作。首先，可以参考上文的画板缩放操作快捷键对画板进行缩放。其次，使用快捷键 H 移动画板，确保窗口能够显示完

|109

整的照片和画板。最后，将鼠标放置在照片的右下角，当鼠标指针变为双向箭头时，按住 Shift 键并拖动照片，使其完全置于画板内，并在属性栏点击"嵌入"按钮，如图 5-8。

图 5-8

6.图层锁定并创建新图层。为了保持绘图的有序性，建议每个内容（如照片、轮廓图、病害图示符号）都在单独的图层上进行绘制。在图层界面中，点击包含照片的图层对应的空格，出现锁定图标时，表示该图层已被锁定。这样可以避免绘制过程中，图层间的相互干扰。在图层界面的右下方，点击"新建图层"，即可生成新图层，如图5-9。

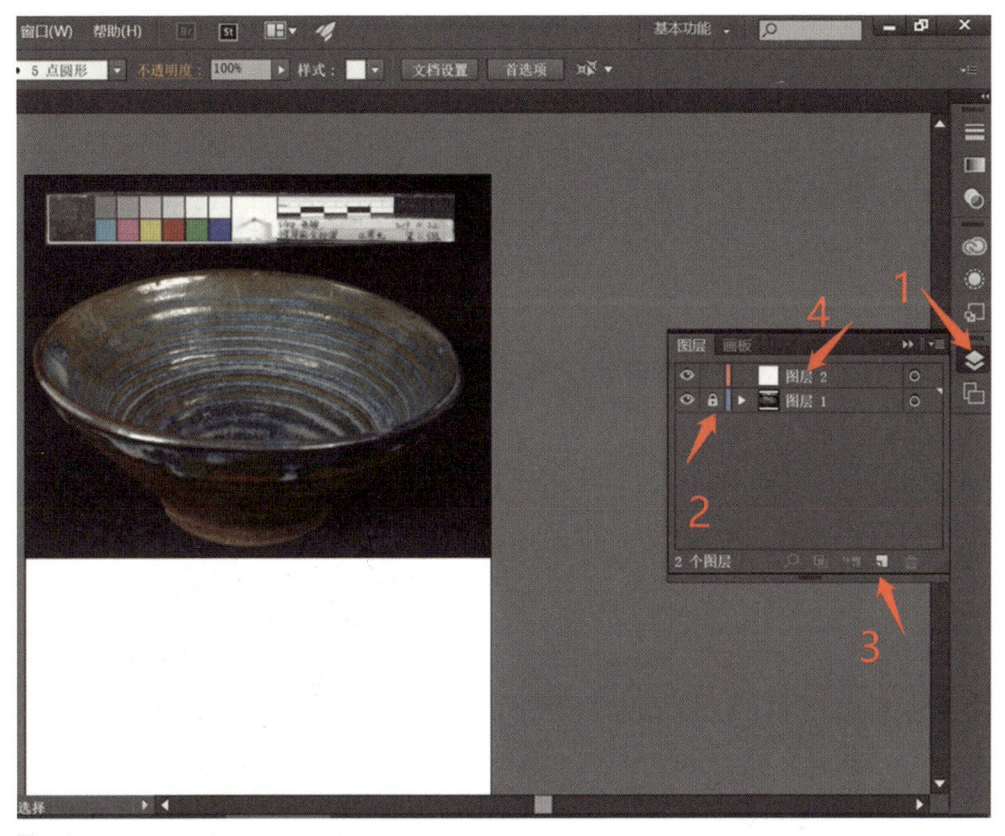

图 5-9

7.绘制轮廓图：在"工具栏"中选择一个绘制工具，如"钢笔工具"。然后，沿着照片中文物的轮廓进行精确的绘制。要结束钢笔工具的使用，只需按下快捷键Enter。在绘制过程中，建议将照片放大至200%~400%的合适比例，以便精准描线。

绘制时，在"工具栏"中选择"描边"，颜色设置为黑色，粗细设置为"1pt"，或根据实际需要选择合适的尺寸。当绘制任务繁重时，绘制者可以考虑采用更便捷的"抠图"的方式来简化工作流程。轮廓图的绘制过程实际上是一个深入认识和欣赏文物的宝贵机会。通过亲手描绘文物的轮廓，绘制者可以更加细致地观察其细节，感受其独特魅力。如果仅仅为了追求速度而选择"抠图"，可能会错过这一深入了解文物的机会，这无疑是一种遗憾。因此，建议绘制者在时间允许的情况下，尽量亲自绘制轮廓图，以充分领略文物的魅力，如图5-10。

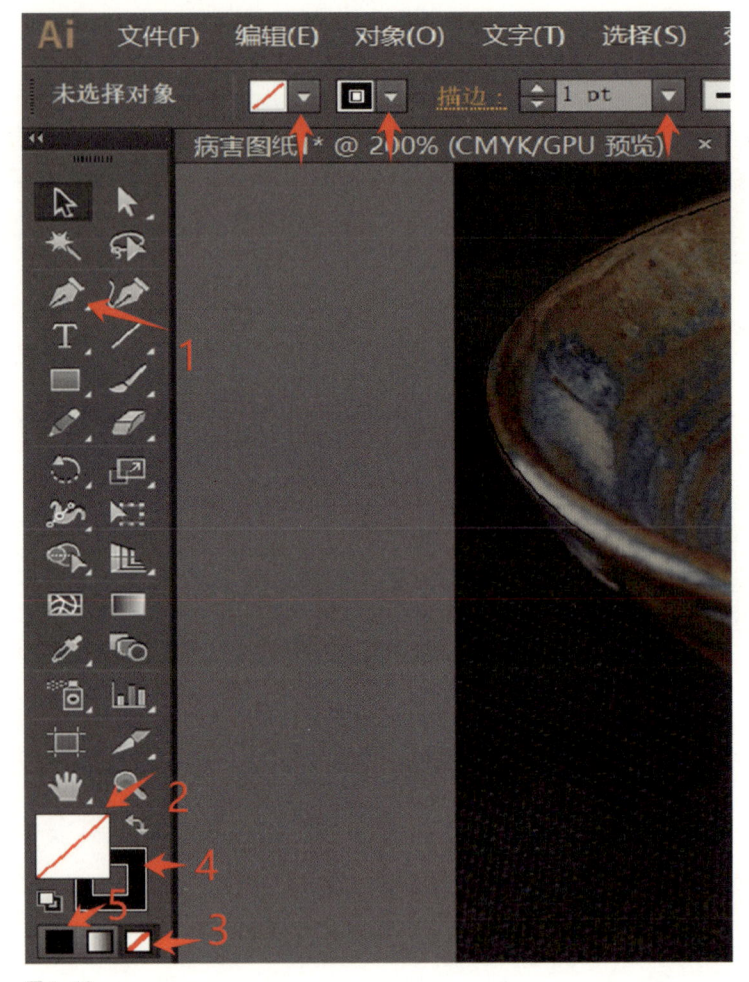

图5-10

8.调整路径：放置第二个锚点时，要保持鼠标的按下状态以便进行调整。如果调整已画好的线条，则切换到"直接选择工具"，选择需要调整的线条上的锚点或手柄调整线条的形状。如果不慎误删，或者想回到之前的某个状态，可以通过左上角的"编辑"菜单选择"还原"，或者使用快捷键Ctrl+Z进行撤销操作。这只是AI中的一些基本调整方法，更多高级功能和技巧建议参考AI的使用手册或在线教程，如图5-11。

图 5-11

9. 绘制病害图示符号：在完成轮廓图的绘制后，锁定该图层并新建一个图层。虽然可以使用钢笔、文字、矩形等工具按照标准和要求逐个绘制病害符号，但这种方法效率较低且难以保证规范性。通常做法是，将病害图示符号存入色板画笔库，用时直接导出即可。例如，对于面积类病害，可以选择相应的病害图示符号作为"填色"；对于线段类病害，则可以选择对应的符号作为"描边"。具体的建立和使用色板画笔的方法可以参考下文相关教程。

为了更清晰地观察绘制的符号，可以降低照片的透明度。选中照片图层，然后在控制面板中将"不透明度"调整为"50%"，这样可以在不影响绘制的前提下，更好地观察病害图示符号的绘制效果，如图 5-12。

图 5-12

10.绘制比例尺：在完成病害图的绘制后，锁定该图层并新建一个图层。使用"矩形工具"在新建的图层上，根据照片上的尺子绘制出线段式比例尺。确保长方形的间隔填充为白色和黑色，以符合比例尺的常见样式。另一种简便的方式是，在素材库中复制粘贴一个现成的线段式比例尺，然后根据照片上的尺子进行放大或缩小，以确保其与实际的尺子尺寸相匹配。接下来，使用"文字工具"在黑白矩形的上方添加相应的数字单位。这些数字单位应该清晰地表示比例尺的刻度，确保读者能够准确地理解，如图 5-13。

图 5-13

11.编组：选中比例尺图层中的所有矢量图形，然后单击右键，在弹出的窗口中选择"编组"选项。这样，这些矢量图形就会形成一个整体，无论是移动还是缩放，它们都会作为一个单元进行，从而避免遗漏个别矢量。同理，选中轮廓图图层和病害图示符号图层所有矢量也进行相同的编组操作，就能创建一个完整的病害图。在后续的排版布局中，非常重要的一点是，必须将病害图和比例尺作为一个整体来处理。这意味着，当需要复制粘贴或调整大小时，必须对整个编组进行操作，而不是单独处理其中的某个部分。通过维持这种整体性的编组，可以确保病害图和比例尺之间的比例关系保持不变，如图 5-14。

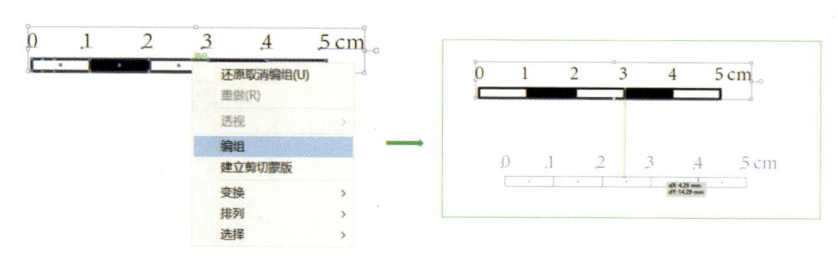

图 5-14

12. 添加图例：在添加图例时，虽然可以使用钢笔、文字、矩形等工具按照标准规定和绘制要求逐一绘制符号，但这种方法的效率较低，而且难以保证规范性。为了提高效率和准确性，通常建议从素材库中复制粘贴对应病害的图例，然后集中进行添加。

13. 添加绘图信息：可直接从素材库中复制粘贴表格。这样，只需调整表格内容并填写相关信息即可。

14. 添加单位标志：可直接从素材库中复制粘贴表格。

15. 导出 TIFF 文件：在确保病害图纸的所有元素都完整且排版美观后，接下来可以导出完整的病害图纸。打开"文件"菜单，选择"导出"选项。浏览到希望保存文件的文件夹。在导出选项中，选择文件格式为 TIFF。勾选"使用画板"这一选项，确保导出的图片包含整个画板的布局，而不仅是沿着矢量边缘的部分。设置分辨率为 300dpi 以上，确保导出的图片具有足够的清晰度。

如果有需要，可以将所有视角的病害图放置在同一张画板上。

首先，确保每个视角的病害图和比例尺都已经被编组成为一个整体。然后，复制粘贴这些编组，将它们归置到同一个画板上。在此过程中，为每个视角的病害图新建一个图层，以便更好地组织和管理。

其次，以比例尺作为调整大小的参考，对每个视角的病害图进行大小缩放，使其适合画板上的布局。在缩放过程中，注意保持比例尺的一致性，以确保整个布局的准确性。完成缩放后，进行合理的排版，使各个视角的病害图在画板上呈现出清晰、有序的效果。

最后，删除多余的比例尺，确保画板上只保留一个作为整个布局参考的比例尺。这样，就完成了将所有视角的病害图放在同一张画板上的操作，且每个病害图都按照比例尺进行了准确的缩放和排版。

（二）创建病害图示符号色板画笔库的详细步骤

整体流程概述：

1. 绘制病害图示符号，确保符合相关规定。
2. 根据软件绘制的逻辑，对图示符号进行分类。
3. 创建色板库和画笔库：将填充类病害图示符号存入色板库，将线条类病害图示符号存入画笔库。

以瓷器病害为例的详细绘制流程：

1. 绘制符合规定的病害图示符号

（1）启用网格线显示：新建文档后，从菜单栏的"视图"选项中选择"显示网格"，以便在绘制过程中提供参考。

（2）调整网格线参数：从菜单栏的"编辑"选项中选择"首选项"，并在弹出的选项中选择"参考线和网格"。在随后的窗口中，修改网格参数，设置网格线间隔为10mm，次间隔为10，并选择彩色作为网格线颜色，以确保与绘制的黑色线条有明显的区分。

（3）按照各类文物病害与图示标准的要求，仔细绘制所有图示符号。在绘制过程中，务必注意尺寸和间隔的准确性。建议使用 AI 软件，以标准中的符号为参考图片，逐一进行绘制。

由于当前缺乏专门针对瓷器病害与图示的标准，本章在编写过程中参考了《可移动文物病害评估技术规程 瓷器类文物》《陶质彩绘文物病害与图示》等行业标准，同时，也从中国文化遗产研究院在"南海一号"项目中的瓷器病害图示中汲取了灵感和参考。在综合这些参考资料和当前行业内的相关共识后，总结出了瓷器病害图中常用的病害图示符号，如图5-15所示。

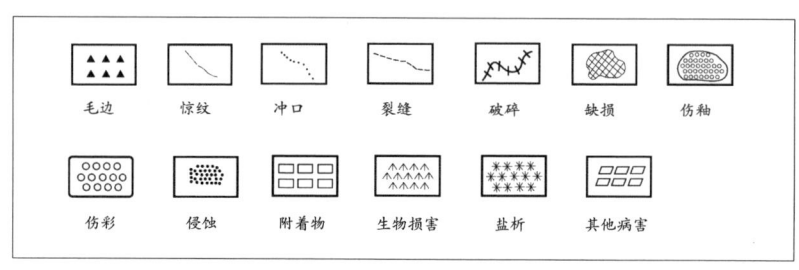

图 5-15 瓷器病害图示符号

2. 病害图示符号的分类

（1）将所有病害图示符号分为填充类符号和线条类符号两大类，如图5-16所示。

（2）在填充类符号中，根据其尺寸和特殊性质，可以进一步细分为三类：大符号类：要求是"每平方厘米不少于4个符号"；小符号类：要求是"每平方厘米不少于10个符号"；交叉平行类：要求是"每平方厘米交叉点不少于4个"。这样的分类有助于绘图者更快速地建立色板库，如图5-17所示。

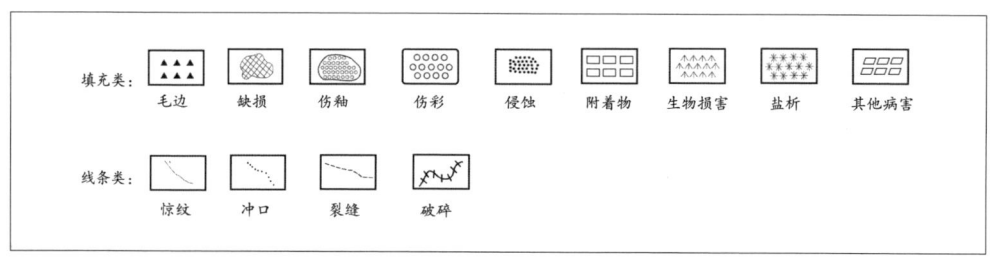

图 5-16 瓷器病害图示符号分类情况

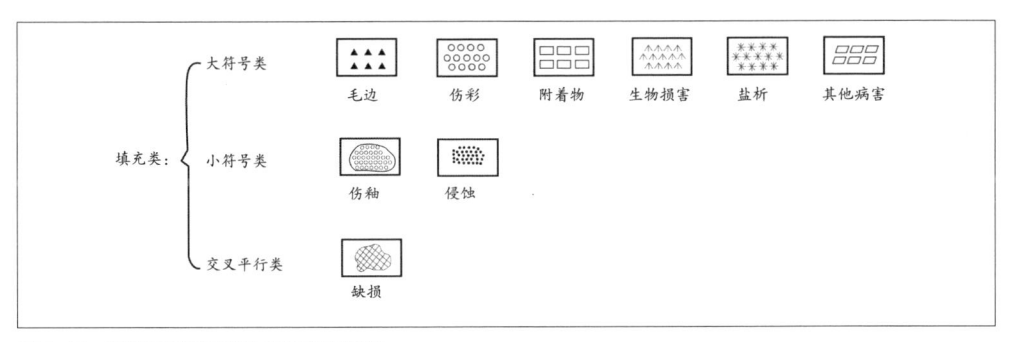

图 5-17　瓷器病害填充类图示符号细分情况

3. 创建色板库

（1）首先，确定填充类符号的重复单元。例如，附着物的重复单元为"▢"。绘制时，只需绘制这一重复单元。使用钢笔工具或矩形工具在画板上绘制出"▢"，根据"每平方厘米不少于4个符号"的要求，在一个平方厘米内进行大致的试位置排版，以便调整单个符号的大小。也可以参考多个标准中提到的单个符号大小为4mm²绘制大小合适的单个符号。

（2）点击"色板"窗口的▣，选择"显示图案色板"。由于软件自带的图案色板数量较少，这使得整个窗口界面显得整洁清晰。使用"选择"工具选中绘制好的"▢"，将其拖入色板框中。当色板框的边框线亮起时，表示拖入成功。双击色板框中的"▢"，在弹出的界面中修改参数，如色板命名、排列方式（网格、砖形1/2或其他拼贴类型）、拼贴间隔、份数等。在修改参数的同时，可以在画板上预览图形的排列方式。只要符合行业标准的绘制要求且图形美观，点击"完成"即可完成一个符号色板的建立。

（3）检查新建的色板：使用"钢笔工具"在画板上随意绘制图形。接着，将"填色"选择为新建的色板符号。这样，就可以在图形内看到病害图示符号规范且整齐地填充其中。如果病害区域的范围不够明显，还可以选择将"描边"设置为"无"。

（4）按照上述色板的建立步骤，可以为每个填充类符号创建独立的色板。在操作过程中，需要注意的是单个符号的尺寸以及色板对话框中的排列方式选择，例如"砖形1/2"或"网格形"。其中，"缺损"色板的建立可能相对复杂一些：需要使用"钢笔"工具绘制出重复单位"※"，并确保绘制时各路径都对齐。随后，在色板对话框中调整宽度和高度参数都为10mm，或者将间隔参数设置为负数。

4. 创建画笔库

（1）与填充类符号相似，绘制线条类符号时也需要先确定该类符号的重复单元。例如，"冲口"的重复单元是"·"，"裂缝"的重复单元为"—"，"惊纹"的重复单元为"—— ·"，"破碎"的重复单元为"—⁄—"。在绘制时，仅需绘制这些重复单元，并特别注意黑点、线段以及组合元素的绘制尺寸。以下是绘制要求。

冲口符号：使用"椭圆工具"绘制黑点，填色为黑色，描边为无，其宽和高都设定为0.3mm；黑点之间的间距为250%。

裂缝符号：线段长度为2mm，描边粗细为0.75pt；线段之间的间距为100%。

惊纹符号：黑点的尺寸如上所述，线段长度为5mm，黑点与线段之间间隔2mm；该重复单元之间的间距为25%。

破碎符号：长线段长度为5mm，短线段向右倾斜45°且长度为2mm；该重复单元之间的间距为0。

（2）使用"钢笔"或"椭圆"等工具绘制出所需的重复单元。随后，打开"画笔"窗口。通过"选择"工具，选中绘制好的重复单元，并将其拖入画笔框中。当画笔框的边框线亮起时，表示拖入成功。此时，将弹出"新建画笔"界面，您需要选择"图案画笔"并点击确定。接下来，在"图案画笔选项"界面中，您可以进行一系列参数设置：为画笔命名，调整间距（常见符号间距见上文），并选择"近似路径"或"伸展以适合"等选项。完成这些设置后，点击"确定"，即可完成一个符号的画笔建立，如图5-18。

图5-18 图纸素材库示例

（3）检查新建的画笔：使用"钢笔"工具在画板上绘制路径，随后选中这些钢笔绘制的路径，并将描边更换为相应的画笔符号，这样路径就会转变为该符号的样式。

5. 保存

当完成了某一类文物病害图示符号的色板和画笔建立后，确保进行保存是非常重要的步骤。请单击色板画笔窗口左下方的"色板库"或"画笔库"菜单，然后选择"存储色板"或"保存画笔"选项。在弹出的窗口中，选择适当的保存路径并修改文件名称，以便日后轻松识别和管理。

下次准备绘制病害图时，可以从色板画笔窗口的左下方选择"其他库"，并将之前保存好的色板或画笔文件调取出来。这样，就可以快速而规范地使用这些符号来绘制相应的病害，从而提高工作效率并保证图示的准确性，如图5-19。

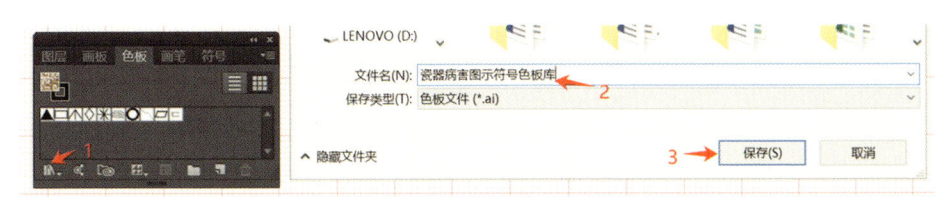

图 5-19　图纸素材库示例

（三）创建病害图纸素材库

为了提高绘图效率，可以创建一个集中的素材库。在这个库中，将比例尺、图例、绘图信息表、单位标志等图纸要素放置在一个 AI 文件中。每当开始绘制病害图时，只需打开这个素材库文件，从中快速复制粘贴所需的要素到绘图画板上。之后，只需对这些元素进行简单的修改，即可完成要素的添加。这种方法不仅简化了流程，还确保了图纸的一致性和准确性，如图 5-20 所示。

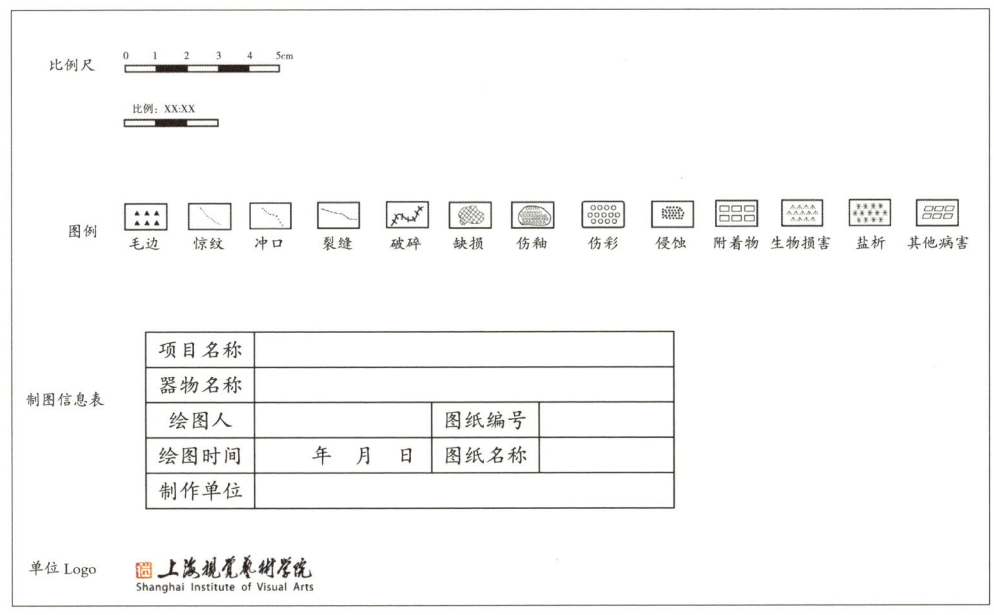

图 5-20　图纸素材库示例

文物的材料结构层次复杂性往往伴随着多样化的病害状况，这使得用单一的病害图来全面展示病害结果变得极具挑战性。以油画为例，其结构层次涵盖了辅助支撑、支撑物、基底层、颜料层以及表面涂层等多个部分，各层次之间的状况相互关联且错综复杂，难以用简单的符号来清晰呈现。因此，在状况检查工作中，通常会采用大量的照片、示意图以及文字来分层次地详细描述这些状况。目前，我国尚未发布针对油画相关病害图示的标准。

　　另外，书画的结构层次也较为复杂，包括写印材料、画心、命纸、覆背纸以及其他装裱材料等。尽管目前没有专门针对书画病害与图示的标准，但可以参考其他相关文物类型的标准。在实际修复实践中，有些书画的状况相对简单，可以通过书画病害图来清晰地呈现病害结果。

　　为了满足实际需求，本节参考了各单位制定的书画文物病害图示和相关书画病害术语、教学积累，同时，还借鉴了《馆藏纸质文物病害分类与图示》《明清纸质档案病害分类与图示》等行业标准的病害图示符号规定。结合目前行业的相关共识，书画常见病害种类及其图示符号见图5-21。通过这样的方式，希望能够为文物修复工作者提供一个更为全面、准确的病害图示参考。

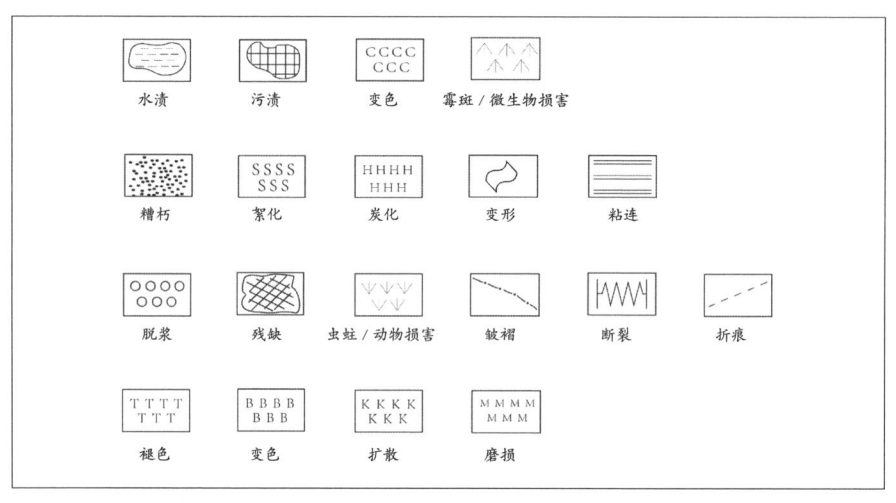

图5-21　书画常见病害种类及其图示符号

　　1.载体材料：病害分为颜色变化类病害和结构类病害。颜色变化类病害有水渍、污渍、变色、霉斑/微生物损害。结构类病害有糟朽、絮化、炭化、变形、粘连、脱浆、残缺、虫蛀/动物损害、皱褶、断裂、折痕。

　　2.写印材料：病害也分为颜色变化类病害和结构类病害。颜色变化类病害有褪色、变色（包括返铅）。结构类病害有扩散、磨损。

关于能从现行国家标准和行业标准中找到的八类文化遗产的图例，学习者可以直接查阅相应的标准文件以获取详细信息，本文不再逐一列出。

思考题

  1. 文物病害图的作用有哪些？
  2. 你觉得用哪种软件绘制病害图更为方便？为什么？

第三节　图纸资料的收集与整理

  绘图图纸通常被用作文本记录中的插图说明，也就是说这些图纸会以图片的格式出现在文字编辑软件之中。这些文本资料经过整理归档，图纸实际上也随文档一起存档了。考虑到管理方便（比如根据图纸内容快速查找、比较等）及档案的利用（比如展览中需要单独打印大画幅图纸等），建议还是对图纸进行分类归档。

  收集的图纸范围主要包括整个保护修复工作从准备到验收各个阶段中形成的具有保留价值的图形文档。这些图纸的主要类型有表现病害状况的图纸、修复技术示意图以及修复施工图等。这些图纸能够很好地说明修复过程中遇到的问题并提供重要的凭证支持，是极其重要的档案材料。

一、电子图纸资料的整理

  电子图纸文件常选用通用的图片格式进行保存，如 JPG、TIFF 等，可直接插入文档作为插图使用。这类格式只包含图像信息，轻便易读，可以被多种软件直接打开，方便档案的读取、传输与利用。建议保存一份绘制源文件，以供相关部门直接在软件中打开和利用。考虑了归档利用的需要，建议同时存档源文件格式、通用图片格式。

  电子图纸的基本整理要求与数码照片相似：以层级文件夹的形式进行整理，按图纸类型分组。层次文件夹示例：档案名称 \ 图纸档案 \ 病害图纸 \TIFF\ 单张图纸。单张图纸的文件命名需能清楚反映出其对应的文物及制作目的，方便相关人员根据文件名快速判断图纸内容。一个具有明确指向性的图纸文件名，将提高电子档案的识别效率与利用价值。参考数码照片文件的命名法，以藏品编号 + 图纸类型 + 图纸顺序号进行命名。

二、纸质图纸资料的整理

（一）打印

电子图纸必须直接从计算机输出打印成图，且打印输出效果清晰可辨。一般使用 A4 幅面纸进行打印。

（二）整理

所有图纸按图纸类型先分组，再按图号顺序进行排序，并在页面的右下角添加页码。图纸可以散装在装具内，装具应粘贴说明标签：档案名称 + 图纸档案 + 存入日期 + 载体类别（图纸是什么材质的）。装具内包含文件目录、图纸、备考表，三者按次序进行排放。其中，装具内的资料只有图纸为文件资料，文件资料都需要有页号。该装具最后装入文物保护修复档案盒中。

思考题

1. 你觉得纸质图纸是否有存在的必要？请阐述你的观点。

第四节　照片的后期处理和病害标记技术

对于可移动文物，由于它们的体积通常较小，因此在拍摄过程中可以灵活布局。这类文物通常在摄影棚内拍摄，在受控的拍摄环境下，摄影师可以通过摄影技术解决大部分照片质量问题。即使出现一些轻微的照片质量问题，如拍摄对象出现轻微变形，也可以通过图像处理软件进行后期调整来改善。

然而，对于不可移动文物，由于它们通常体积庞大，要获取完整的文物正投影影像，通常需要拼接多张照片。因此，拍摄时面临的问题是需要提前做好详细的拍摄计划。例如，需要确定要拍摄多少张照片，以及每张照片的拍摄范围和拍摄参数，以确保拼接后的照片符合要求。因此，这也将导致照片后期处理的工作量大幅增加。

经过调整后的照片可以作为描摹的参考，用于绘制病害图。常用的病害图绘制软件是矢量绘图软件。如果病害图绘制软件需要提供更多的信息，例如计算各类病害的面积、长度、数量等，那么 CAD 软件能够解决这部分问题。但 CAD 软件的使用习惯和逻辑与 AI 有所不同。对于不可移动文物，在制定保护方案时，需要考虑到预算成本，并对病害和治疗手段所用的材料进行统计。基于 AI 或 CAD 绘制所得的结果进行匹配计算，同样需要投入一定的时间。

市面上流通的、广为人知的软件，无论是用于照片后期处理、绘制病害图，还是进行各种计算功能，需要从业者掌握不同的软件进行处理。目前行业内迫切希望解决的难题是没有一款专为文物保护行业设计的软件。目前，市场上有一款德国 Fokus GmbH Leipzig 公司 2000 年开始研发的名为 Metigo Map 的软件，专注于文物图像处理及病害标记技术。这款软件是专为文化遗产保护修复前期工作设计的，其功能全面，包括文物图像矫正与自动拼接、病害图绘制、数据统计和分析、数据导出图表格式、计算开支以及导入文物 3D 模型绘制病害图等。Metigo Map 软件能够自动进行图像调整、矫正、多图像处理，并添加图例／文本，输出三维模型，极大地提高了照片处理和病害标记的效率。而且，其呈现的效果比使用多个图像编辑软件单一功能进行联动工作所达到的效果更为出色。[2]

随着行业的迅速进步，档案资料的质量标准将不断提高，因此，更高效、更完善的建档技术势必成为未来的主流趋势。

思考题

1.AI 绘制病害图的缺点有哪些？

拓展阅读

    [1]《GB/T 30237–2013 古代壁画病害与图示》

    [2]《GB/T 30686–2014 馆藏青铜质和铁质文物病害与图示》

    [3]《GB/T 30688–2014 馆藏砖石文物病害与图示》

    [4]《WW/T 0003–2007 馆藏出土竹木漆器类文物病害分类与图示》

    [5]《WW/T 0013–2008 馆藏丝织品病害与图示》

    [6]《WW/T 0021–2010 陶质彩绘文物病害与图示》

    [7]《WW/T 0026–2010 馆藏纸质文物病害分类与图示》

    [8]《WW/T 0030–2010 古代建筑彩画病害与图示》

    [9]《WW/T 0024–2010 文物保护工程文件归档整理规范》

    [10]《WW/T 0035–2012 田野考古绘图》

---

2 这一技术因集成了文物保护修复行业需要的多项功能，逐渐受到行业的青睐。自推广以来，该技术的主要用户群体集中在国外，应用领域及占比为：石材修复占 70%，墙体修复占 20%，木材、油画、纸制品、纺织品等其他领域占 10%。2019 年 10 月，该公司中国区的技术人员为上海视觉艺术学院的文物保护与修复专业学生举办了相关讲座，使该专业的学生和教师们对这一技术有了更深入的了解。同年，该公司在第三届国际建筑遗产保护与修复博览会的德国馆区展示了其技术，有效促进了国内外行业间的相互了解。此外，西北大学 2020 年毕业的魏子琴在其硕士论文《图像处理及病害标记程序在文物保护中的运用研究》中也专门介绍了这项技术。

[11]《图像处理及病害标记程序在文物保护中的运用研究》,魏子琴,西北大学,2020

[12]《DAIT 61-2017明清纸质档案病害分类与图示》

参考文献

[1] 冯惠玲，张辑哲.档案学概论[M].2版.北京：中国人民大学出版社，2006.

[2] 宋纪蓉，刘舜强.浅论文物保护修复档案的科学构建[C]//中国文物保护技术协会，故宫博物院文保科技部.中国文物保护技术协会第五次学术年会论文集.北京：科学出版社，2007：384-388.

[3] 孙红燕.油画文物保护修复档案的重要性及其内容设置[J].管理观察，2019，(15)：67-68.

[4] 仝艳锋.试论健全文物修复档案的措施[J].中国文物科学研究，2008，(04)：51-54.

[5]MOORE M.Conservation Documentation and the Implications of Digitisation[J].Journal of Conservation and Museum Studies，2001，7(0)：6-10.

[6] 丁海斌.论档案的价值与基本作用[J].档案，2012，(04)：10-13.

[7] 郑冬青.纸质文物保护修复档案的规范化建设[J].兰台世界，2014，(26)：95.

[8] 李际宁.关于建立古籍修复档案的几点想法[C]//中国国家图书馆.中文善本古籍保存保护国际研讨会论文集.北京：中国国家图书馆出版社，2001：255-264.

[9] 吕宁.《中国文物古迹保护准则》推动下的石窟遗产保护[D].清华大学，2013.

[10] 司海杰.论文物档案系统化建设[J].档案与建设，2013，(04)：20-22.

[11]American Institute for Conservation.Code of Ethics and Guidelines for Practice[EB/OL].[2024-05-06].https：//www.culturalheritage.org/about-conservation/code-of-ethics#.WKoMojvyt3g.

[12] 国家文物局.中华人民共和国文物保护标准汇编（一）[M].北京：文物出版社，2010.

[13] 国家文物局.中华人民共和国文物保护标准汇编（二）[M].北京：文物出版社，2010.

[14] 国家文物局.中华人民共和国文物保护标准汇编（三）[M].北京：文物出版

社，2016.

[15]FREY F，HELLER D，KUSHEL D，et al.The AIC guide to digital photography and conservation documentation[M].3rd ed.Washington，DC: American Institute for Conservation of Historic and Artistic Works，2011.

[16] 柴勃隆，王小伟，汤爱玲，等 . 多光谱摄影在莫高窟壁画现状调查及绘画技法研究中的初步应用 [J]. 敦煌研究，2008，(06)：54−57+121−123.

[17] 王硕，王晓，黄霆鋆 . 文物建筑保护工程勘察设计方案现状照片问题探究 [J]. 建筑与文化，2019，(10)：179−180.

[18] 王际 . 文物保护修复档案管理系统设计与应用 [J]. 辽宁省博物馆馆刊，2007，(00)：529−540.

[19] 阙薇薇 . 基于 B/S 结构的博物馆文物修复档案管理系统设计 [J]. 文物保护与考古科学，2012，24(03)：90−94.

[20] 薄春燕，王晓丽，张宝圣 . 可移动文物保护修复档案管理系统设计及实现 [J]. 电子技术与软件工程，2020，(16)：159−160.

[21] 张悦，黄继忠 . 红外技术在文物科学保护中的应用 [J]. 自然杂志，2021，43(03)：217−224.

[22] 魏子琴 . 图像处理及病害标记程序在文物保护中的运用研究 [D]. 西北大学，2020.

后 记

《文物保护修复档案》这本教材，是编者基于在上海视觉艺术学院多年的教学实践精心编写的。在实际教学和教材编写过程中，编者有幸得到了司徒勇教授的悉心指导。司徒勇教授慷慨分享了丰富的教学资料，极大地丰富了课程内容，推动了该课程的发展。此外，众多专业教师和学生的热情参与和宝贵贡献，为课程积累了丰富多样的案例，这些案例也被精心编入了教材中。在此，编者衷心感谢他们的无私付出和鼎力支持。

该教材在编写过程中仍有许多待改进之处，例如相关示例相对较少、配图不够充分。编者期望未来能与教学实践相辅相成，持续完善教材，以期提高教学质量，更好地满足学生的学习需求。

图书在版编目（CIP）数据

文物保护修复档案 / 潘坤容编著. -- 上海 ：上海人民美术出版社, 2024.8
文物保护与修复专业系列教材
ISBN 978-7-5586-2905-1

Ⅰ．①文… Ⅱ．①潘… Ⅲ．①文物保护－教材②文物修整－教材 Ⅳ．①G26

中国国家版本馆CIP数据核字(2024)第040539号

文物保护修复档案

出 品 人：侯培东
总 主 编：季崇建
编　　 著：潘坤容
责任编辑：孙　青
排版制作：上海商务数码图像技术有限公司
技术编辑：齐秀宁
出版发行：上海人民美術出版社
地　　址：上海市闵行区号景路159弄A座7F　邮编：201101
印　　刷：上海丽佳制版印刷有限公司
开　　本：720×1000　16开　8.5印张
版　　次：2024年8月第1版
印　　次：2024年8月第1次
书　　号：ISBN 978-7-5586-2905-1
定　　价：58.00元